日本
活か

広がるインフラビジネス

〜国際標準化で巨大市場に挑む！

JSA

広がるインフラビジネス

目次

はじめに

アジアへ向けてのパッケージ型インフラの海外輸出が、注目を浴びている。我が国の得意とする大量生産型の技術を生かした〝ものづくり〟とは異なり、一回性の巨大事業の推進を成長戦略の一つにしようということである。受注を成功させるための国全体の整合性をもったビジネスモデルが強調されることが多いが、同時に受注した後、事業を実施する段階の課題も多くある。

本書では、今まで余り注目されなかった標準とパッケージ型インフラとの関係を述べる。

情報通信分野では国際ビジネスを行うにあたり、標準戦略が不可欠のものとしてここ数年多くの議論がなされた。単に個々の商品の価格、品質、アフターサービスの優位だけではなく、仕組みとしての標準戦略が不十分であると、国際競争に遅れをとるとの指摘がされて久しい。パッケージ型インフラは情報通信分野とは事業の特質が異なるため、国際標準戦略は、それとは異なる視点で進める必要がある。すなわちパッケージ型インフラは単一の巨大システムを構築するという意味で、標準の関わりは、大量生産型の情報通信とは大きく異なる。既に情報通信の分野で多くの指摘があるモジュール化の問題や知財と標準の関わりといったことを超え、システム全体を制御する情報関係の標準や検査や認証などの適合性評価の問題、さらに人材に関する要件など標準の世界でここ十年近く議論されてきた多くの課題や視点をまず考えることが重要である。

本書では概説で、政府の考え方やパッケージ型インフラが注目を浴びる背景を述べるとともにパッケージ型インフラの特質を述べたあと、第2章でパッケージ型インフラがどのように標準と係わるかを標準を広義にとらえて述べる。パッケージ型インフラの戦略をどのように潜在的に標準の力で再構築できるかを考えるためである。第3章以降は各論にあたる部分であるが、第3章で水ビジネスを、第4章ではエネルギーに関する2分野として太陽光発電と風力発電を、更に第5章ではスマートグリッド、第6章で鉄道を述べている。最後の第7章では、このようなパッケージ型インフラの共通の問題であるプロジェクトマネジメントを標準の観点から論じる。

このパッケージ型インフラ分野は、国際的な標準開発に重きをなす欧米の標準機関でも取り上げられ始め、我が国がどのような位置取りをしていくかは、ひいては受注や収益性に大きな影響を及ぼすものと考えられ、広く議論が始まることを期待したいからである。

２０１１年10月

田中正躬

日本を活かす

第1章　概説

田中正躬

※文末の数字は章末の参考文献を示す

■増大するインフラビジネス

２０１１年の初め、ＮＨＫの〝クローズアップ現代〟で中国の水ビジネスが取り上げられ、膨大な水の供給の必要性から中国では50兆円の水ビズネスのマーケットがあるとされた。水ビジネスは国際化した欧州系の巨大企業にインフラ完成後の維持管理を含めたパッケージ型の事業権を牛耳られており、日本企業は技術的な能力が高いにもかかわらず、ビジネス機会を見つけるのに課題があることが報道された。

中国のみならず、近年アジア地域の経済発展は目を見張るものがあるが、それに伴いこれらの地域では、水供給や下水システムを始めとし、通信、鉄道、道路などの交通システム、エネルギー供給などインフラの整備が急務となっている。アジア開発銀行が２００７年にアジア地域のこれらインフラ需要の見通しをまとめたものが表に示されている。これによると２０１０年を起点として今後10年に約8兆ドルの需要があるとされ、68％は新規、32％は更新や維持管理を対象としたものとしている。これらのうち、アジアの諸国間にまたがる汎アジアのインフラともいえるプロジェクトが１０７７あるとされており、つなぎ目のないアジアのインフラ（Seamless Asia

		新規	更新	合計
電力		3176	912	4088
通信		325	730	1055
	携帯	181	509	690
	固定	144	221	365
交通輸送		1762	704	2466
	空港	7	5	12
	港湾	50	25	75
	鉄道	3	36	39
	道路	1702	635	2340
水・衛生		156	226	382
	衛生	108	120	228
	水道	48	106	154
合計		5419	2573	7992

出典：アジア開発銀行 2009 の報告書〝Infrastructure for a Seamless Asia〟

アジアのインフラ投資額（2010-2020） 単位：10 億ドル

Infrastructure）ができあがるとされている。[1)]

政府の施策と方向

２００９年末政府は、このような動向を踏まえ〝新成長戦略の基本方針をまとめ、パッケージ型インフラ事業の海外展開を重点項目として取り上げることとした。[2)]

すなわち、〝日本が強みを持つインフラ整備をパッケージでアジア地域に展開・浸透させるとともに、アジア諸国の経済成長に伴う地球環境への負荷を軽減し、日本の技術・経験をアジアの持続可能な成長のエンジンとして活用すること。具体的には、新幹線・都市交通、水、エネルギーなどのインフラ整備支援や、環境共生型都市の開発支援に官民あげて取り組む〟とした。

ここでは従来なかった新しいビジネスモデルを課題として取り上げている。すなわち、我が国の産業は、個々の設備・技術を輸出することには強みを発揮したが、パッケージ全体としてのインフラの事業権を確保することにより、その事業運営に必要な設備・技術の導入につき、広い支配権を確保するという課題である。一例として、環境共生型都市開発を挙げている。この開発プロジェクトでは、水事業と再生可能エネルギー事業などを組み合わせたマスタープラン提案などから始め、複数の関連プロジェクトにおいて広く裁量と責任を持てる商圏を確保・推進するとし、インフラ商談の入札段階などで、相手国政府のニーズ・期待などに鑑み、日本勢として、当該関連インフラ商談以外の分野での協力も含めて、幅広い提案をパッケージとして行うとしている。

そのためには、官民が一体となり、ファイナンスを始め受注支援制度の整備を行い、商談を優位に進める必要があるとしている。また我が国のインフラ産業の歴史的発展の特質である産業組織上の問題を克服する必要がある。すなわち、同一セクターに複数の有力企業が存在する上、プロジェクトのサプライチェーンが細分化されていることから、顧客に対して一貫した提案やサービスを提供しにくいといった状態を、コンソーシアムといった事業連合体を組み、官と民が一体になったオールジャパンで対応することにより改善し、海外との競争に勝ち抜く必要がある。成長戦略によると、これらの課題を解決し、インフラ事業を国際展開することにより、2020年までに19.7兆円の市場規模を目指す。また産業構造審議会〝産業構造ヴィジョン2010〟では2007年に比し、18.7万人の雇用が増大すると試算している。

従来の工業製造製品とパッケージ型インフラの違い

経済発展とともに、世界市場で我が国が得意としてきた〝ものづくり〟とパッケージ型インフラは、どのような違いがあるのであろうか？

図はパッケージ型インフラの概念図である。パッケージ型インフラは一つの機能を果たすため多くの部品やサブシステムを統合したもの

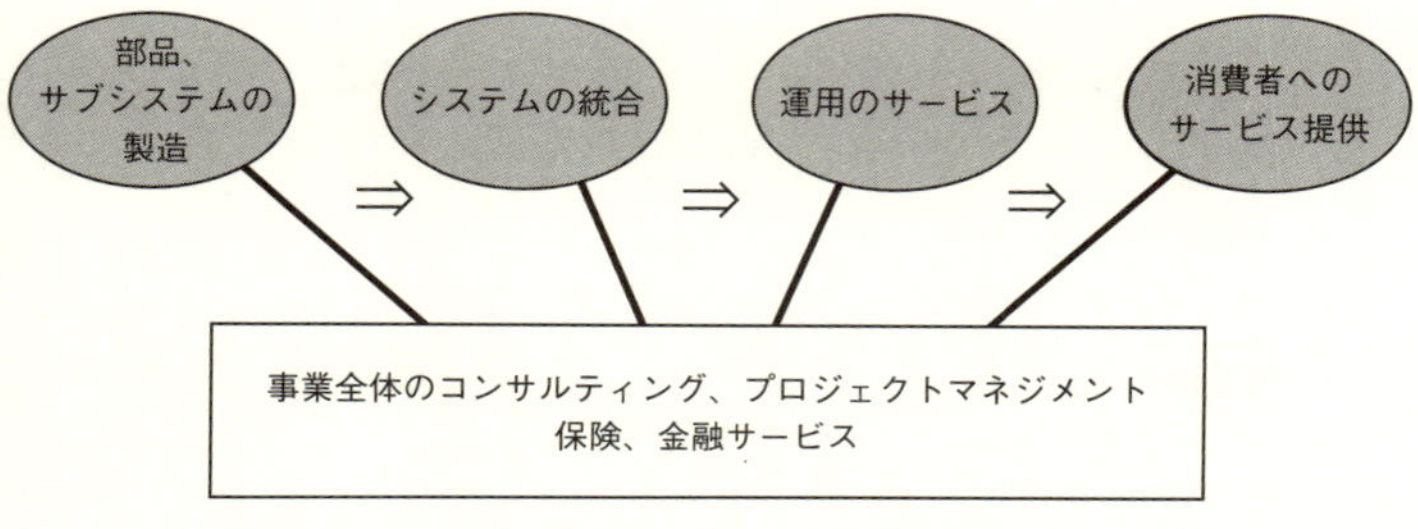

システムインフラの概念図

である。これは、機器類を開発し、設計し、製作し、全体のシステムに組み立て、試運転を行い、改良を重ねながら運用のサービスを行い、ユーザーの要求にこたえるサービスを行う総合体である。この事業を行うには、ソフト面のエンジニアリングやプロジェクトマネジメント（PM）が必要なだけでなく、契約をはじめ、地元の法的な仕組みや制度に精通したコンサルタントが必要であるし、プロジェクトのファイナンスや保険といった金融に係るサービスも不可欠である。

下の表は従来型の大量生産品とパッケージ型インフラの商品としての比較をしたものである。[2] すなわち、

①システムの購入者の個別のニーズに応えることが必要な特定の使用目的をもった構築物であるため、構成するシステムの設計、各サブシステムの機器の建設など個々のできばえや性能が優れていても、最終段階の構成のできが悪いと、システム全体の性能が十分発揮できないなど、その総合性が要求される

②設計段階や機器の製造などの建設段階だけでなく、完成後のシステムの維持管理など多様なタスクの組合せが必要で、それぞれ、短期、長期といった時間的な差や携わる部分により事業としての利益の割合が変わってくる。部品、モジュールの組合せと建設段階までの事業から発生する利益に比べ、システムの日常的な運営によるサービスにより継続的な利益が得られるとされている。NＨＫの、〃クローズアップ

システムインフラ	従来の工業製造製品
一つの構築物を作る	大量生産品
一回りの特定使用の構築物	繰り返し同じ仕様の製品を製造
工事を現地で行う	製造を納入元（多くの場合工場）で行う
仮の現場で組み立て	固定された永続的施設で製造
臨時の組織で作業	ある程度永続的な組織で製造
作業が多くの国籍の人に依存	自社か関連会社の人

出典：「社内標準化便覧」（1985）829 頁をもとに作成

従来の工業製造製品とシステムインフラとの違い

現代〟で取り上げた水メジャーのこだわりもこの点にあるといえよう。

③プロジェクトマネジメントなど人に体化したソフトの力が重要である。前表にあるごとく臨時の組織と場所で多くの考え方の異なる外国人や専門家が必要なため、人の管理能力やコミュニケーション能力が重要となる。

パッケージ型インフラは、規模の大きい鉄道をはじめとする交通システム、上下水の水システム、エネルギーの供給システムなどを国際的に一つの商品として、多くの機能を一括して組合わせたものである。一方、このようなシステムは、古来、その地域で土木事業やその地域の特性を持ちながら、巨大な構築物として作られてきた。以下、第1章ではパッケージ型インフラと標準との係わりを、ISO（国際標準化機構）やIEC（国際電気標準化会議）の規格といった狭義の標準だけでなく、広義の標準の概念を用いて論ずることとする。

日本を活かす

第2章　パッケージ型インフラと標準

田中正躬

※文末の数字は章末の参考文献を示す

■パッケージ型インフラと標準

パッケージ型インフラは、日本でもインフラに関係する建設関係やエンジニアリング関係の企業が、過去に、国際的な場で既に多くの実績を残している。既に見たように拡大する需要に対し、パッケージ型インフラの特徴や、複数の企業が分散的に競争をしている日本企業の産業組織的な問題を踏まえ、国家戦略として力点を置く〝成長戦略〟の狙いは、次の2点に要約される。

①過去においてしばしばそうであったように、部分的な事業の受注あるいは建設までの事業から、より広い裁量と責任を持てるパッケージ型インフラの特質である総合性を目指したり、より継続的な利益が確保できる運営管理の部分に焦点を当てる。

②その際、環境や省エネなど日本の企業が優位を持つとされる〝ものづくり〟の特技を生かそう、ということである。

パッケージ型インフラの標準化戦略が、大量生産品を一つの工場で生産し世界市場に供給するIT関連機器の標準化戦略と際立って異なるのは、巨大なシステムインフラの設計、建設、運転といった長い異なるプロセスを適切に管理できる統括者（システムインテグレーター）にとって、標準がどのような役目を果たすかである。

まずシステムインフラが標準との関係でどのような位置付けが得られるかを検討してみよう。ここでの標準とはコラム1（32ページ）にあるように、国家標準機関や国際標準機関が作成したものに限定せず、社内規格や仕様書など通常の事業で使われている〝広義の標準〟である。図はパッケージ型インフラに係るタスクの関連がどのような標準に係っているかを示したものである。[3] タスクは、契約が成り立つまでの交渉や営業に係る部分、契約が成り立ちプロジェクトを進める段階での研究要素がある部分の改良開発、エンジニアリング、さらに工事建設を進めインフラの構造物を完成させ、運転維持をするまでのタスクの部分と多岐にわたる。またこの様な多様かつ時間の制約がある中で事業を完成させるためには、全体のコントロール部門が必要で、多くの優秀な人材によりハード面及びソフト面を含めたプロジェクトの管理を行っていく必要がある。

標準に取り囲まれている
パッケージ型インフラのプロジェクト

それぞれの部門には、図にあるように多くの仕様書、技術基準、要領などが関係するが、これと国際標準などとのかかわりを見てみよう。

機器類の選択と据え付け

多くの部品や機器類を調達するにあたっては、国際的な規格のみならず現地でのローカルな規格や部品の製作を行うための企業の社内規

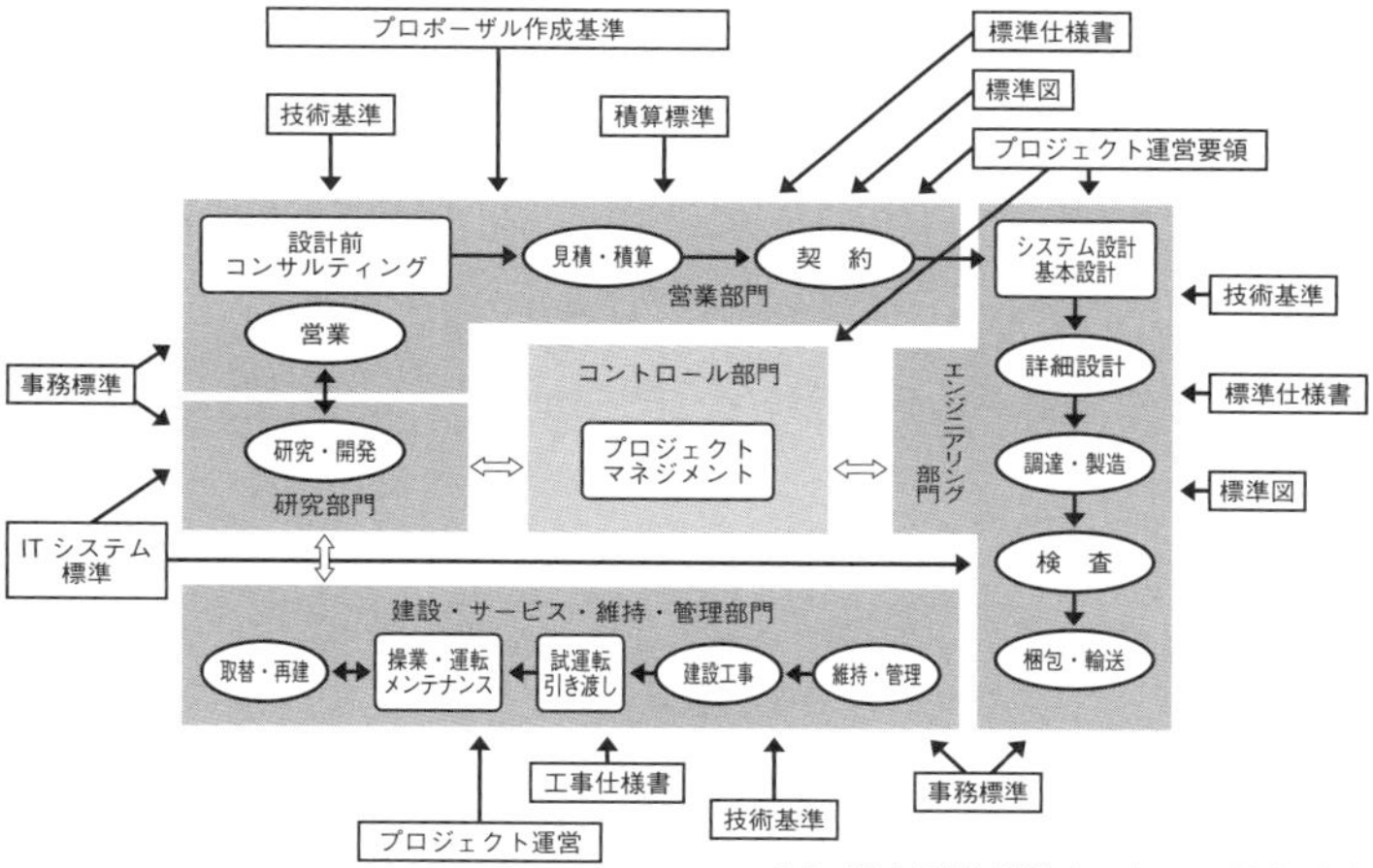

出典：「社内標準化便覧」(1985)　830頁を基に作成

パッケージ型インフラとタスクの関連がどのような標準にかかわっているか

格など多くの技術仕様書や、据付、配管配線、工事手順などを含めた工事の仕様書が必要となる。また例えば、公共調達に使う標準図のように技術の仕様を製作図にしたものも現地では多く必要になり、契約前の詳細な技術的な交渉段階、エンジニア事業を進めていく時に、各種規格は必須となる。

ネットワークやシステムの制御や管理を評価

エンジニアリング部門では、外部の人とのネットワークを利用して、データの共有化を行なったり、試作的に設計したものを評価する事が通常となっている。IT技術の進歩により、構成する部品とサブシステムの間のインターフェースを工夫することによって多くの代替的な設計が可能になったからである。事実幾つかの国際的な標準が用いられている

CAD/CAMなど機械設計データ、電子設計データ、分析データ、製造データなど製品に関するあらゆるデータを記述する仕組みを共有し、単にファイル交換のみならず、システムのデータ交換に使用したり、製品データベースの実装の基盤として用いるためにSTEP（ISO 10303）のような標準がある。また鉄道の分野では、鉄道システムに対して起こり得る障害、危険性などのハザードを理論的に分析する必要があり、それに起因す

パッケージ型インフラでの標準	関連する国際規格等の規格類
技術基準 標準仕様書 工事仕様書	ISO/IEC, ASTM, ASME などのエンジニアリング規格
標準図	公共調達関連の規格類
IT システム標準	STEP や RAMS 規格
事務標準	ISO 9000 等のシステム管理規格
プロジェクト運営要領 プロジェクトマネージャーの技能	PM 関係の規格 （PMBOK, ICM 等）
人の技能や技量	ISO/IEC17024

パッケージ型インフラでの標準と国際規格等との関連

る事故に至る経過を解析し、ライフサイクルを通して、リスクを数値化することにより、経済性とリスクを明らかにする手法が標準（IEC 62278）になっている。

事務関係業務の効率化

海外での多くの考え方や国籍が異なる多くの人が集まるパッケージ型インフラのような事業を進めるにあたっては、経理や地元の税務など経理関係をはじめ、出入国や各種の契約さらに保険関係などの総務関係の統一的な事務文章が必要である。また人事や福利厚生管理に始まり、宿舎の管理など労務に係る規定がなくてはならない。これらは組織の中の社内規格にあたるものである。国際規格としてISOのシステム管理に係る多くの標準があり、特にISO 9000ファミリーは、個々の組織の管理に係る管理のフレームを与えるものである。

全体をコントロールする

パッケージ型インフラは巨大な構築物やソフトを含めたシステムを作ることから、契約が成り立ったあと現場での建設、エンジニアリング部門、更には試運転を含めプロジェクトマネジメントを行うための詳細な計画やプロジェクトの運営要領が不可欠である。決められた時間と資金の中で人員計画を立て、プロジェクトの完成に向け管理を行う必要がある。この様な分野についてはスケジュール、コストを含め進捗を管理したり、リスク、調達などを管理する多くの手法に関する標準がある。PMについては、幾つかの国で国家規格になっているほか、現在ISOにおいて標準が作られている。米国のPMI（Project Mangement Institute）を始めとする幾つかのPMの知識の体系を標準類にしている組織では、マネージャーに体化した知識や能力がプロジェクト全体のコストや進捗を左右することから、能力や技量の資格を認定することが行われている。

人材の確保

パッケージ型インフラでは多くの専門家や上記で述べたマネージャー、さらに建設現場で働く労働者の確保が不可欠である。この人々は通常、異なった教育システムと技能の形成を経てきた多くの国籍の人からなる。

専門家や労働者等の技能や能力の適格性を判断することは一つのプロジェクトを実施するためには不可欠なのであるが、それぞれの国で多くの資格試験や認定制度があり、その国の歴史や経済発展の歴史を反映して重点が異なるため、一般的にその横並び評価は困難である。しかしPMに関しては先に述べたごとく資格認定制度があるほか、ISO/IECでは、技能を持つとされる人については、国際的に統一された要件が規格（ISO/IEC 17024）化されており、雇用者に役立つようになっている。

システムインテグレーターにとっての標準の意義

以上述べたごとく、パッケージ型インフラは多くの種類の標準類に取り囲まれている。一方パッケージ型インフラは関連するタスクや機器類、ソフト、また多くの技能者や労働者が関係するため、全体の管理をする人の能力に大きく左右される。このシステムインテグレーターともいえる人たちにとって、標準の意味は何であろうか？[4]

調整役としての標準

巨大システムの技術内容を理解し、分業による作業を進めるためには、専門的知識をもった人々との詳細な技術的検討が不可欠である。標準はその対象とする技術範囲の中身に関しては、一時的にその技術進歩を凍結する役目を果たし、繰り返し使用することで同じ結果を期待するものである。一方システムと、標準が対象とする技術範囲の間のインターフェースを決めることにより、標準によって決められた機械部品やサービスは互換性を持つ。すなわちインターフェース標準を設定することで、システムの部分部分を標準として切り取り、技術を固定化し特定化できる。エンジニアリングの部門や建設段階では、多くの企業の専門家と技術内容を詳細化する必要があるが、広義の意味での標準類があれば、それは専門家の間での議論や作業を進めるに当たってのベースとなり、調整を行う機能という意味で大きな役割を果たす。標準はコラム1（32ページ）で解説しているように人々に共通の認識を持たせる道具だからである

調達における交渉と標準

大きなシステムは一回限りの仕事であること、技術が進歩してゆくこと、知的財産権との関係があることから標準作りにはインセンチブが働きにくい。しかし機器類やサービスの調達には、膨大な作業と費用がかかるが、例えば、製品仕様書をインターフェース規格に制限することによって、システムインテグレーターは、部品などの供給者がどのように性能の必要条件を満たすのかを精査する必要がなくなる。すなわち技術的な互換性規格を利用する事によって、機器類などの供給者に原則としては市場を公開することができる。多くのサプライヤーがいれば、標準の設定により競争による価格の低下のメリットが得られるし、パッケージ型インフラの地元の機器の提供者がいる場合は、標準の内容を明確にすることにより共同で開発することも可能である。このように、互換性規格の使用は、交渉過程の範囲を特定化し、生じる交渉問題を緩和する役割を持っている。

記憶としての標準

部品の供給者はカスタムメイドを好むが、システムインテグレーターは必ずしも技術の内容がわかるわけでないので供給者の言うとおりにすると、それは必要な組織的な記憶及び能力を奪ってしまう。技術が高度

化し学ぶのがますます難しくなる現代の産業で共通に観察される問題である。

大きなシステムは多くの複雑な技術からなるが、標準を設定することにより技術のプラットホームを作り、システムの記憶を明らかにすることができる。標準ができれば後の記憶が容易になる。これは組織的な記憶（メモリー）の問題であり、技術的能力が、どのように時間にわたって構築され保持されるかは、標準の設定の在り方に大きく左右される。すなわち規格の作成は、システムがどのように構築されるかに関して、何が記憶されることになっているかを定義する行為である。この知識を呼び戻す過程は、その中身が決められた形式の中で明確になっている規格が重要な役割を果たす。技術的な互換性規格はこの努力に重要な役割を果たす。標準は技術的な改良や変更を行うに際して、そのベースを形成する。

以上述べたように、パッケージ型インフラの事業は、多くの標準と密接に係わっており、事業の推進に当たってシステムインテグレーターは、標準の持つ機能である調整、交渉における手段、システムの記憶とをよく理解し、それらを十分に使いこなす必要がある。先に述べた日本の戦略との関係でみると、〝パッケージ型インフラ全体にわたり広い裁量と責任を持てる、パッケージ型インフラの特質である総合性を目指す〟ことが一つの課題であった。この課題の達成のためには、パッケージ型インフラにおける標準の機能である異なる意見を持つ専門家の意見を調整したり、部品やサブシステムの調達にあたり経済性や効率性を達成するために交渉の手段として標準を用いることが肝要である。また同時に標準の持つシステムの記憶の機能に配慮することは、成長戦略で言う〝パッケージ型インフラの継続的な利益を確保する運営管理〟の課題の達成には欠かせない。

総合的な標準の知識が必要なシステムインフラ

システムインフラはパッケージ型インフラとして一つの商品になり、国際的なビジネスの対象となっている。しかしこのような社会の基礎と成るインフラはローマ時代の上水道や交通システムのように、長い歴史の中で発展してきた。コラム５（56ページ）で示すように19世紀になって以降のシステムの進歩は、エジソンの送電システムや鉄道のシステムのごとく、標準化の歴史でもあった。

例を鉄道に見てみよう。[5)]

英国で始まる鉄道は、国毎に異なる標準を持ったため国境を超えるたびに乗客は迷惑を受けることとなった。しかし国土が広大で州ごとに独自性を持っていた米国では、合意方式による標準化が勝利を収めた。19世紀末に米国では１１５８の鉄道会社があったが、同業者の間で自主的な話し合いにより24万マイルの路線を相互連結し相互運用ができるようにした。米国の鉄道は、４ft ８.５ inの標準レール幅、連結器、空気ブレーキ、シグナルのシステムや会計処理の標準化を民間だけで自主的に行なった。事実１８８０と１８９０年代の20年間に渡り、鉄道の関係者との協議による標準化の作業は、大きな成果をもたらした。ねじのサイズ、パイプとバルブ、連結器などはそれぞれ関連する企業が独自のやり方で鉄道関係の企業に製品を作り納入していたが、標準化することで複雑さが減りまた利益も上がるようになり技術者の中で協調の気運を作った。土木工学、冶金、電気などの技術者が集まり必要な科学的知見を集めそれらを公開し、必要な規格をつくった。AISI（米国鉄鋼協会）、ASME（米国機械技術者協会）、ASTM（米国材料試験協会）などは、典型的な標準化のための組織としてこのころ生まれた。これらの組織は、冶金、機械工学、電気工学と言った原理に基づき各委員会で規格を作った。その規格を使えば、同じ物ができ、決められた機能を果たすことを示し、ユーザーに信頼をしてもらえるように努めた。

このようにパッケージ型インフラは標準とは切り離せない歴史を持つし、標準もシステムインフラとともに発達してきたともいえる。現在のシステムインフラはこのような標準の積み重ねの結果できているとも言える。パッケージ型インフラの総合的な支配力を発揮するためには、システムインテグレーターの標準を用いる能力だけでなく、プロジェクトの企画に係わる人々をはじめ関係者が、標準作りや応用に総合的な影響力を持つ必要がある。先に見たように、17ページの表に見るごとくパッケージ型インフラを取り囲む標準の具体的な内容は多岐にわたる。エンジニアリングや共同作業やシステムの制御に関する詳細な規格類は、社内規格、現地の国家標準や国際的な規格であるISO/IEC/ITU, ASTM, ASME, IEEEなど多くの合意（デジュール）標準、さらにフォーラムやコンソーシアムなどの多くのデファクト標準がある。またISOで作られている組織の品質、環境、リスクなどの管理規格はパッケージ型インフラの推進のための事務関係の仕組み作りや書類を作成するために不可欠である。

またPMをはじめ人材に関する資格やその要件に関しては、現地の規制や制度に関わる理解が重要であるが、近年、米国やヨーロッパのいくつかの機関でPMの標準を作成しているほか、ISOでも技術委員会を作り検討中である。一般的に日本の人材の資格や技能の認定は、国が深くかかわっており、ISO/IECの考え方に必ずしもあっていないものも多い。しかし国際的なパッケージ型インフラのプロジェクトの実施には、現地の制度のみならず国際的に使われている考え方を無視できない。

成長戦略で課題にしている〝総合性〟の発揮や〝運営管理の部分〟の取得に積極的に係わるためには、これらの規格類は単に現在利用できるものをそのまま用いることを超えて、これらの標準類の作成段階から、日本の〝ものつくり〟や技術の特質を、常に標準作りの作業を行う機関に参加し意見を反映しておく必要がある。その意味では、パッケージ型インフラに直接関係する部門の人々のみでなく、常時、オールジャパンということで積極的な標準作りへの参加が、時間や空間を超え、パッケージ型インフラの事業を有利するための着実な道といえる。

日本の特技とパッケージ型インフラのモジュール

次に第2章の冒頭で述べた〝成長戦略〟の二番目の課題である〝日本の優れたものづくりの特技や環境、省エネ技術を活かす〟ことを考えてみたい。ここまでモジュールという概念や言葉を使わず話を進めてきたが、巨大なシステムを考えるときにモジュールは不可欠な概念であるほか、コラム3（35ページ）でも述べているように、近年IT関連の技術を始め、グローバルなビジネスでは重要な考え方となっているからである。

多くのパッケージ型インフラは、多くの部品や機器類、また土木工事から始まり、機器の据付など異なるタスクからなる複雑なシステムと考えることができる。すなわちモジュール型のサブシステムを多く含んでいるため、システム全体の詳細な設計や構造を知らなくても、優れた技術があれば既存のモジュールを代替する技術ができる。[6]（以下、モジュールの検討を行うため、パッケージ型インフラという言葉の代わりにシステムインフラという用語を用いる）。システムインフラについて、優れた個別技術を持つとされる日本の企業は、インフラの全体の受注や管理などシステム全体への支配力がなくても、モジュール化された部分について優位を保持することができる。水の再生利用の仕組みや膜技術や太陽光発電のセルの部分などがこれに当たる。また、必ずしも現在のモジュール化された設計思想では、十分な技術力が発揮できない場合は、モジュールの追加や必要な部分を取り出し、新たなモジュールへと変えていくこともできる。

システムインフラは耐用年数が長く長時間使う必要があるが、技術は日々進歩するため、新技術の取入れを怠ると、効率や経済性を改善できない。既に完成して運行状態にあるインフラについても、モジュール化されていれば常に進歩する技術をその部分モジュールを通じて反映することは容易であり、図に示したような改善へ向かっての取組みが考えられる。特にシステムインフラの維持管理に当たり、環境や省エネに配慮した取り替え品や改良品を用いることができる。標準機関では、既に環境配慮を取り入れた規格類を、部門や機能で分別できる方法を用いており、それを用いることにより、継続的に環境配慮型のシステムインフラへと改良させていくことが出来る。[7]（例えば米国の標準機関であるASTMのサイロ）。

このようにシステムインフラを構成するモジュールの概念を利用することにより、日本の優れた技術を標準化することにより、環境配慮型の技術を活かすことができる。

また、コラム3（35ページ）で述べているIBM360のシステムのように、システムインフラ全体を標準という道具を使い、モジュール化を推し進めるような設計思想ができれば、部分の供給者は、オープンになりより優れた技術を持つ企業が優位を占めることができる。結果として、常に技術の最先端が反映でき、システムインフラ全体のコストも下がり、コンピュータ産業に見られたように巨大な産業のクラスターを作ることもできることを忘れてはならな

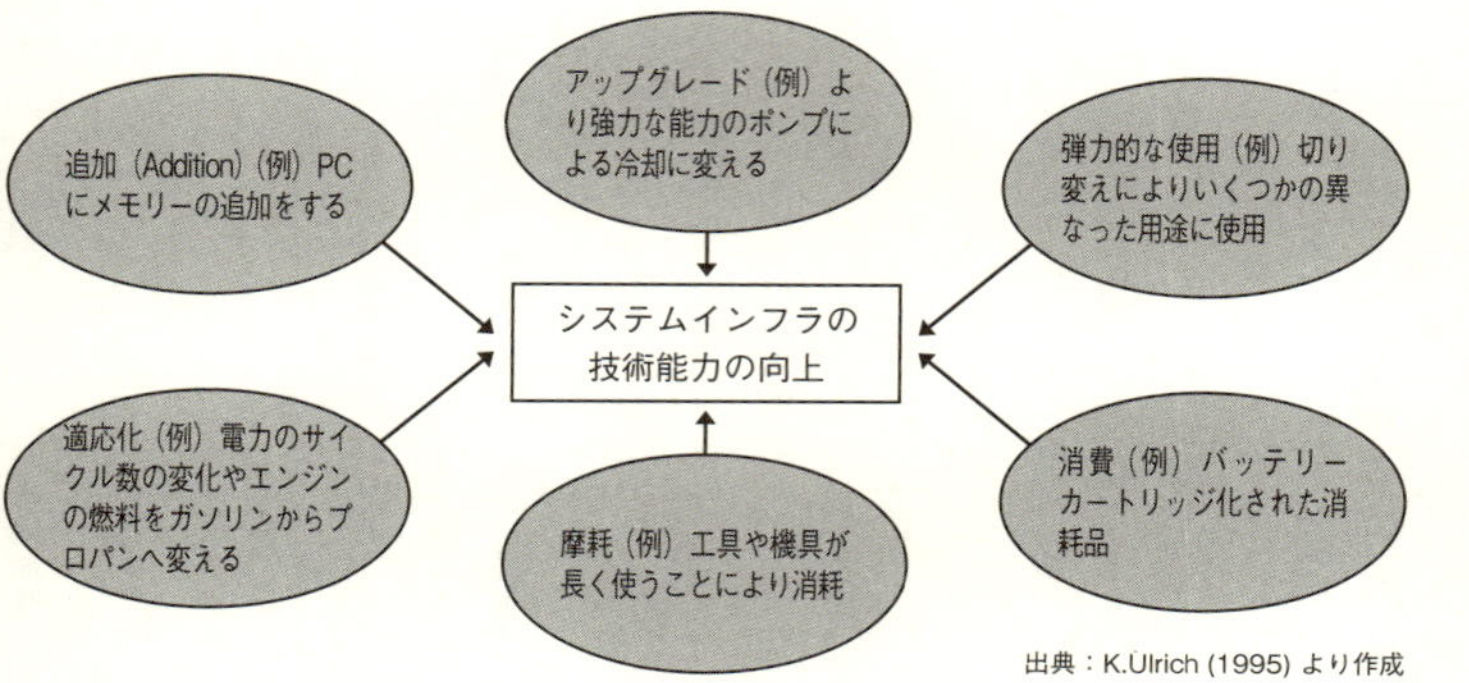

出典：K.Ulrich (1995) より作成

完成後のシステムインフラの技術能力の向上

い。

一方これらのシステムは、それを構成する一部分の技術の進歩により、大きくシステムが変わりうる。太陽光発電やスマートグリッドにおけるIT技術と送電のシナジーによる発電、送電システムは現在の集中型の送電から分散型へと変わる可能性を持っている。また水処理の膜技術はシステム全体に大きな影響を及ぼし、小型のシステムへと設計思想を変えていくかもしれない。このような技術の変革によるシステムの所有者は、かつてエジソンからウエスチングハウスに電気の発電送電システム変えたように、現在の世界を支配している企業から、ほかの国の企業や組織に変わるかも知れない。

パッケージ型インフラは現在、巨大なシステムに焦点をあてているが、我が国の技術力を生かし、上水や発電を最貧国の発展途上国に適合するようにシステムを作り変えることも可能である。人口が40億人と言われる3千ドル以下の所得階層に当たる、ピラッミドの底（BOP：Bottom of Pyramid）に適合する標準化されたシステムを提供するということである。

以上、システムインフラをモジュールとみなし、日本の〝ものづくり〟のや環境や省エネ分野の特技を活かすための、標準の面からの課題や可能性を検討してきた。すなわち、システム全体を支配できない場合でも、モジュールとしての部分を支配できるし、さらにシステム全体をモジュールへと分割するような標準化を進めることにより、日本企業のみでなく、多くの参加者を得て結果として、品質やコストが下がり、需要を増やし全体利益の増大（Win-Win）の仕組みを作ることができる。また優れた技術を基に、システム全体の変革を起こし、その所有者として全体のシステムに裁量と責任を持てることも不可能ではない。更にシステムを小さくして、ネクストフューチャーといわれるBOPを狙うことも、可能であろう。[8]

以上の視点に立てば、個々の技術を磨くことが鍵となるが、システムとモジュールの標準で主導権を握ることも不可欠である。特にヨーロッパや米国に存するISO/IECを含めた国際的な標準化機関への積極的な参加とそこでの指導力が不可欠である。

システムインフラと適合性評価

今まで主として、標準化を構成する規格の役割や使用に関することを総合性及びモジュールの観点から論じたが、標準化のもう一つの重要な課題は適合性評価である。

まずモジュールと適合性評価との関係を述べてみよう。

モジュールがその目標どおり作動するかどうかまた全体を組み立てたときに期待した性能が得られるかどうかはシステムインフラにとって決定的に重要であり、その為の適合性評価が不可欠となる。インターフェースを考えて設計を行い、試作の後その仕様どおり作動をするか、また組み入れたときに目的が果たせているかどうか、という検査やテストを行うことになる。試行錯誤による技術的改良の経験を経た技術蓄積は、逐次コストを低減させ、モジュールとして安定したものを作り出し、いわゆる広義の標準として用いることができる。モジュールによるシステムの個別化には、適合性評価が効率よく行われるかも重要であり、それはモジュールの技術内容の設定と相互に関係する。

システムインフラのような大きな構築物を完成させることは、モジュールと適合性評価のかかわりに新しい課題を提供している。パッケージ型インフラの据付工事を行う前の機器の性能や据え付けた後のサブシステムの性能が、適切に発揮できるかのチェックは、システム全体の性能評価に大きく影響する。しかしこれら据付や機器の性能評価を超えて今や、製品、サービス、材料、プロセス、システム、さらに先に述べた人材の技量のみならず、国際的な任意規格、現地の強制基準の要件に合っているかどうかを判断する体系的な考え方が世界で普及しつつある（ISO/IEC の ToolBox）。これらは世界中で広く使われていることから、共通の信頼性を利用者に与えるものとなりつつある。製品認証、機械安全、リスクアセスメント、安全性の評価、ISO 9000 などのマネジメントシステムの評価、更には法律や規制の適合性などそれぞれ異なる項目を含んだ認証のスキームに共通の考え方を提供しているからである。しかしながらそれでもそれぞれの地域には、そこでの独自の考え方による強制法規に基づく適合性評価のやり方がある。システムインフラに意識的明示的に作られたモジュール化のための適合性評価を超え、パッケージ型インフラの完成には、多くの時間や費用が必要となる。

また、近年の IT 技術の進歩に伴い、システムの適合性評価の分野で大きな進歩が起きている。鉄道分野で個々の部品や機器類のレベルでの安全性やリスクの評価が行われていたものが、CAD やコンピュータ支援エンジニアリング（CASE）の進歩により、物理的な個々の部品の評価から、設計上の要素を抽出して、RAMS という評価手法の標準ができあがった。このように適合性評価のやり方をいかに効率的に経済的に行うかは、プロジェクトの成否を左右するのであるが、残念なことに我が国には、国際的な規模で活躍する適合性評価機関がほとんどないのが現状である。ある部分で技術的に優れていても、モジュール品として使用されたり、新らしいサブシステムを作り上げたりするときに、海外の機関にその技術内容の評価を依存することは残念なことである。

国際標準への参加

ここまで、第2章の冒頭の成長戦略の二つの課題である〝裁量と責任を持てる総合力〟及び〝環境・省エネをはじめとするもの作り技術〟を活かすための標準戦略を〝広義の標準〟の観点から述べた。しかしパッケージ型インフラは世界市場での商品として供給者と使用者の間で取引されることから、関係者が合意に達した考え方や標準、すなわち国際的な標準が重要となる。システムインフラを完成し運用するに当たっては、システムを発注する国、システムの運用者、さらに資金を提供する組織など、それぞれ利害関係が異なる多くのプレーヤーがいることに加え、現地での法的な正当性やそれに至る調整など、多くの骨の折れる仕事があり、その部分はコンサルタントを雇うなど多様な運営が必要である。

標準においても、現地関係者の考える規格とプロジェクト推進者の考える規格との間のミスマッチ、最終ユーザーと推進者が考える適合性評価の考え方の異なりなど、標準にかかわる問題が多く現れる。これらの問題は、インフラプロジェクトの特質で述べたように、複雑性や多様性を内包していることから簡単には解決できないが、いくつかの事柄については国際標準によって解決することが可能である。このような複雑性や多様性を調整し交渉を行う際の道具として標準をいかに使うかが、プロジェクト推進者の能力ともいえるが、その際には国際的な標準を使っているということが鍵となる。国際標準は前提条件が国際的な合意を得たものであることから、規格や適合性評価が明確化され、現地化したものに比べ調整したり、交渉をするときの手段として、公正かつ明確であり権威がある。

また標準を作る際のプロセスもオープンになっているため、自らの意見を反映しやすく、規格ができあがった後は、関係者とのコミュニーケションも容易になる。このように国際標準化プロセスに参加することによって、自らの利益を反映さすことができるのみならず、システムインフラの事業を容易に進めることができるが、同時に国際標準化することは、モジュール化されるなどインターフェースがオープンになり、その分競争が激しくなることを意味している。31ページの図は今まで述べた、標準から見たパッケージ型インフラを実施して行く際の、特に国際標準との関係での課題を整理したものであり、以下各論で論じられる。

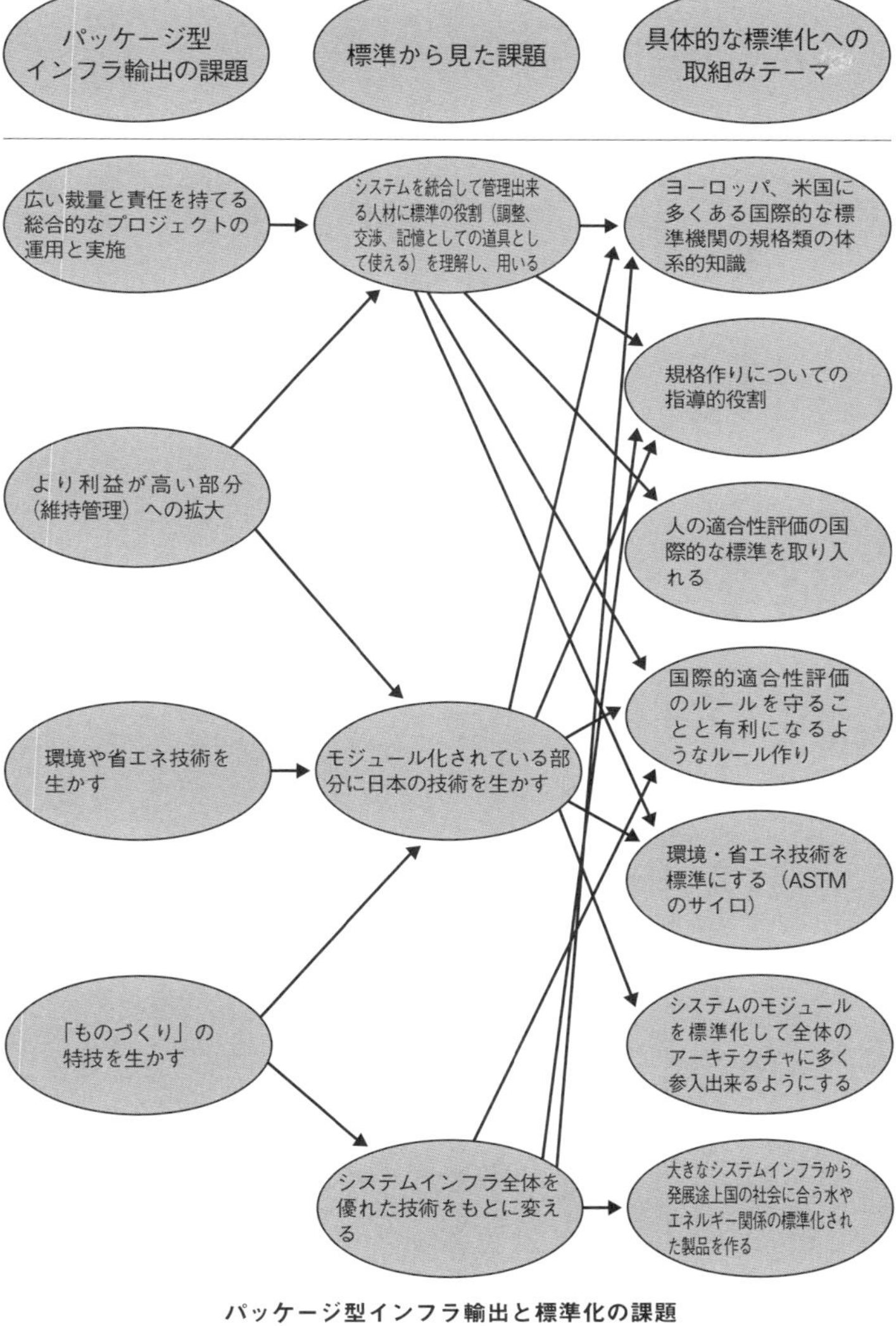
パッケージ型
インフラ輸出の課題
標準から見た課題
具体的な標準化への
取組みテーマ
広い裁量と責任を持てる総合的なプロジェクトの運用と実施
システムを統合して管理出来る人材に標準の役割（調整、交渉、記憶としての道具として使える）を理解し、用いる
ヨーロッパ、米国に多くある国際的な標準機関の規格類の体系的知識
規格作りについての指導的役割
より利益が高い部分（維持管理）への拡大
人の適合性評価の国際的な標準を取り入れる
国際的適合性評価のルールを守ることと有利になるようなルール作り
環境や省エネ技術を生かす
モジュール化されている部分に日本の技術を生かす
環境・省エネ技術を標準にする（ASTMのサイロ）
システムのモジュールを標準化して全体のアーキテクチャに多く参入出来るようにする
「ものづくり」の特技を生かす
システムインフラ全体を優れた技術をもとに変える
大きなシステムインフラから発展途上国の社会に合う水やエネルギー関係の標準化された製品を作る

パッケージ型インフラ輸出と標準化の課題

コラム *I*

標準とは

標準化は規格作りとそれらを用いる適合性評価からなる。ISO/IEC の標準化の定義を見ていただきたい。

規格は、決められた形式（用語の定義、適用範囲、守るべきことを明確にする必要事項など）に沿い、最新の時点で関係者が納得できる内容を決め、それを文章にしたものである。このようにして作られた規格は、関係者する人々のだれが用いても同じ結果が得られるように文章化されており、関係者が繰り返し用い、共通の理解と結果が得られる。異なる意見の調整ができた合意の文章とも考えられるし、規格を用いることにより調達の技術仕様にするため、物品を購入するときの交渉のベースにもなりうる。

規格は通常、ある時点での技術や考え方を固定し、定期的に見直しをするものである。このように考えると関係者の間での、社会や組織の記憶を支えるものとも考えられる。このような属性の規格を社会で用いるとき、その規格に書かれているように結果が得られることが重要で、その手続を進める必要がある。このような行為を適合性評価という。言葉を変えれば、規格の文章と異なるやり方をすると、互換性が確保されなかったり、規格の性能が発揮されない。

一方、規格は関係する人々の範囲の広さにより、合意を得る程度が異なる。企業レベルでは企業の関係者の間の合意であるが、国際的な規格となると、世界中の関係者の間での合意であるため合意の範囲が広い（規格のピラミッドの図参照）。通常、社内規格の作成は、閉じた関係者の間でクローズドに決められるが、国家規格や国際的な規格は規格の作成段階で、内容を公開し、関係者の意見を取り入れながら最終的な合意を形成していく。手続きや意見を聞く範囲は、図のピラミッドの位置でそれぞれ異なり、ISO/IEC の定義からすると社内規格も地域の規格も〝広義の規格〟といえる。社内規格や団体の規格は、多くの場合、規定や仕様などと呼ばれることがあるが、これらは形式（用語の定義、適用範囲など）が厳密でなく、文章の書き方が、JIS のような厳密な定義（JIS Z 8301）に従っていないためであるが、広義の規格であることには間違いない。

標準化：定義

実在の問題又は起こる可能性がある問題に関して、与えられた状況において最適な秩序を得る事を目的として、共通に、かつ、繰り返して使用するための記述事項を確立する活動。

注記1：この活動は、特に規格を作成し、発行し、実行する課程からなる。

注記2：標準化がもたらす重要な利益は、製品、プロセス及びサービスが意図した目的に適するように改善されること、貿易上の傷害が取り払われること、及び技術協力が促進されることである。

[ISO/IEC ガイド2：2004定義1.1]

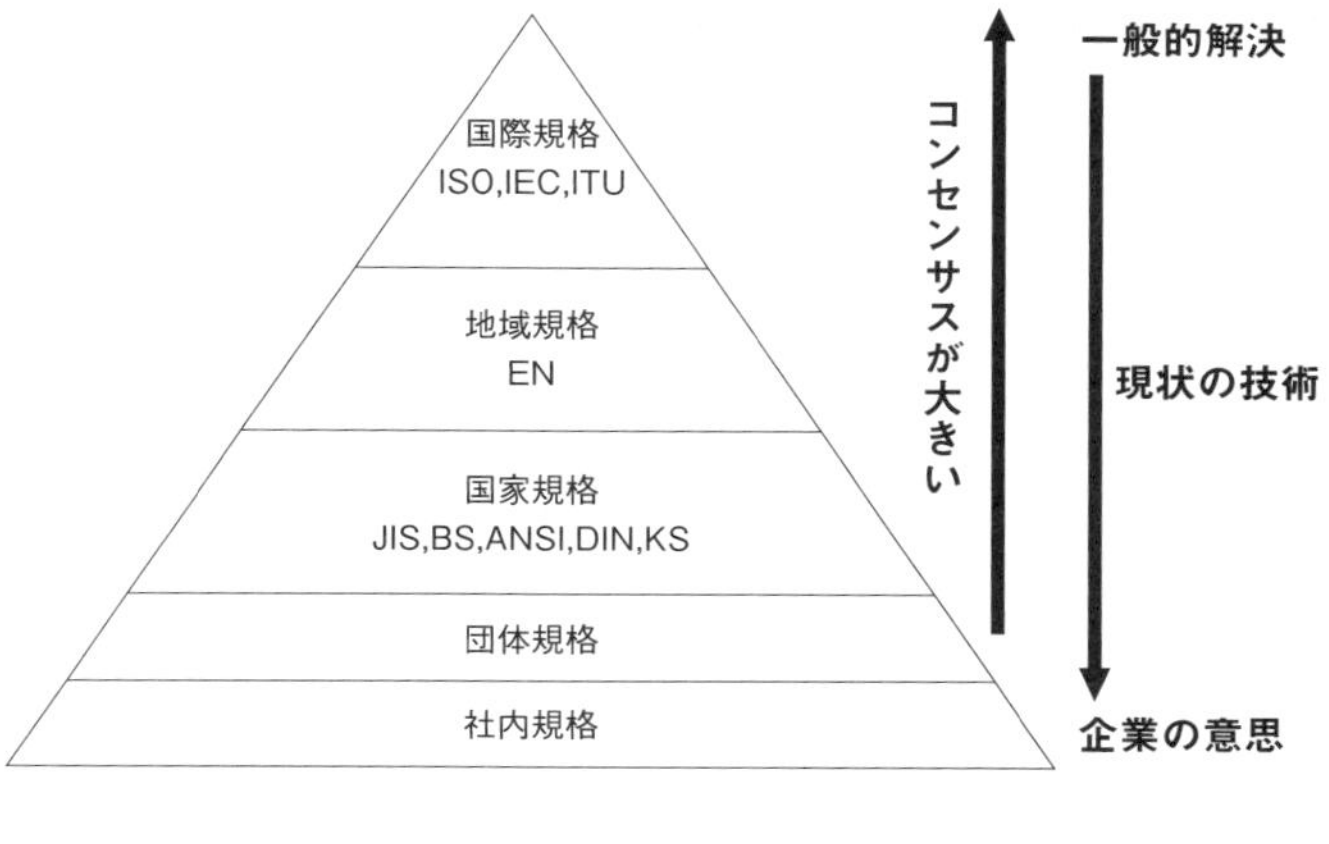

適用される範囲による規格の種類

コラム 2

大きな技術変化とシステムの変更

システムインフラが社会に普及すると、多くの人が使用することによるネットワーク経済が大きくなって、新しい技術が現れても、既存のシステムが変わるのは、相当の技術的な革新性があり経済的なメリットがないと難しいと多くの経済学者は指摘する。

しかしシステムインフラに属する分野でも歴史をひも解くとシステムの入れ替えが起った例が幾つか見られる。照明の歴史はその一つである。19世紀の初め、ドイツ人で英国に亡命したアルバートウインザーは、19世紀の最初までに芯の構造や空気調節などの多くの改良を経て効率的に灯油を燃し照明を得られるようにしたランプ灯を、ガス灯に代替した。単に明るさが勝っただけでなくシステムの設計が優れたことが勝利に導いた。ロンドンで既に普及していた鉛管を用いて給水場から水を供給する水道事業からヒントを得て、集中的なガス供給装置からガスを供給するシステムを作り上げた。ガスの使った量を計るメーターやオンとオフのスイッチなどの発明が同時に行われた。彼は、１８１４年に事業を開始したが、１８２０年頃には多くの都市でガス灯が普及し、１８４０年頃には小都市や農村部にもガス灯が広がった。換気装置が付帯するようになり、炎の大きさを調節する機器も完成度が高くなり、ガス照明が夜に光を得る手段として定着し、それまで夜の照明を支配していたランプの照明を凌駕した。[9]

一方、19世紀の中頃以降、発電機の進歩により電気の利用ができるようになり、照明のための炭素棒の放電により光を得るアーク灯が現れたが、発電機のみでなくアーク灯の大規模な装置が必要なことから、使用は一部分公共の施設に限られ、ガス照明を脅かす敵にはならなかった。しかしガス灯の泣き所である燃えるため必要な空気を消費しなくていいように、アーク灯も含め多くの電灯のアイデアが出され、ガス灯に挑んだが、最終的には多くの人が知るエジソンの電球にたどり着くことになった。

エジソンの発明の偉大さは、炭素化した竹をフィラメントにした真空電球もあるが、実用化の観点から電力の供給システムの設計とその実現にある。直流発電のシステムは送電網を通じて、ガス灯と同じく集中発電により電気を供給し照明を人々に与えるものであった。送電線を地中に埋設するための絶縁送電線、ガス灯からヒントを得てオンとオフができる電球のスイッチや電気量を測るメーター、コンセントなど多くの発明を行い電力の供給システムを完成した。１８８１年に成果を実用に移すための電灯会社を設立して直流方式による照明の供給を電球で行い、ガス照明を代替して行くこととなる。

しかし、エジソンの独占は長く続かなかった。ウエスチングハウスは、交流発電機によるシステムで、エジソンに挑んだからである。彼の変圧器や、エジソンの下で働いていたテスラをスカウトし彼の交流発電機をもとに、１８９５年にナイアガラに長距離輸送の長所を生かし発電システムを完成させ、異なった二つの標準システムの争いが起こることになる。結果は多くの人が知る交流発電の勝利となるが、高圧送電による長距離送電を可能にした、ウエスチングハウスのシステム設計と新しい技術である変圧器や交流発電の技術が勝利に導いた。ガス灯、電球、変圧器、交流発電機は新しい技術により潜在的な力を秘め、システムの設計思想により技術の力が生かされ、既存のシステムを代替した。しかしながらアーク灯のように新しい発明でも既存のシステムに限定的な影響しか与えられないものもある。

ひるがえってみると、現代の先端技術には、すべてを代替したとはいえないが、いくつかの類似の例が見られる。有線による固定電話に対し、携帯電話のシステムなどである。システムインフラとして今回取り上げている、スマートグリッドや太陽光発電は新しい送電システムを作り上げる可能性がある。すなわち集中的から分散的送電システムへの変換である。[10]

コラム 3　モジュール化におけるIBMの経験

ノーベル賞を受賞したハーバードサイモンは二人の時計作りをする職人の比喩を用いて、部分に分割して時計を組み立てる方が、全体の相互関連を考えながら組み立てる職人より、効率よく時計を組み立てられるとした。すなわち複雑なシステムを分割、すなわちモジュールに分けることにより仕事が容易になるとの基礎的な考え方を述べた。[11]

複雑なシステムは、それぞれが役割と機能を分担して相互に整合的に連携をしながらシステムの運用を行うことになる。一部分に不具合が生じたとき、構成する要素があまりにも多いと、管理が難しくなり、その影響が全体に波及してしまう。このような複雑性を克服するためには、システムをモジュール又は部分に分割し、部分の関連性をなくしそれぞれのモジュールに独立性を与えることによって問題が解決できる。すなわち複雑なシステム全体を、交換可能な構成要素に分割し、それぞれの複合する部分（インターフェース）のルールを公開することで、第三者の企業でも、それぞれモジュールを独立して設計し、製造し、全体のシステムに埋め込むことができる。

すなわちモジュールとは、それぞれ構造としてはシステムの個々の単位であり、独立しているが、それらを統合して全体システムを作り上げるための考え方であり、設計や製造段階で、すり合せの手間をできるだけ減らし、部品の広義の意味での標準化を進め、相互の依存性を減らすことと言える。鉄道のインフラを完成させるためには、それぞれ異なる場所で、運転を制御する機器とか、車両、レールなどの部分を製造し、これらを最終的に決められた場所に集め組み立てることになる。このようなことが可能なのは、完全に厳格にそれぞれの部分の設計仕様が決まっているからである。

クラークとボールドウィンは、IBM360のユニット化されたモジュールの構造を分析した。[12] IBM360のモジュール化により、結果としてイノベーションと新しく出現した多くの企業の競争力を高めたことを明らかにした。モジュール化されて、インターフェースが明らかになれば、新規参入しようとする企業も部品を供給でき、次々と新しい技術の成果を利用できるからである。IBM360というパッケージ化された全体のシステムは、次々とモジュール化され、オープンになったインターフェースにより分割され、成功した企業がクラスターを作り、さらに技術の発展とデザインのルールの進化により、モジュールが再構成され、大きな技術の進歩が達成される姿をモジュール化のパワーとして描いた。

参考文献：

1) Asian Development Bank (2009) Infrastructure for a Seamless Asia 2009
2) パッケージ型インフラ海外展開推進実務担当者会議（２０１０）中間とりまとめ
3) 「社内標準化便覧」１９８５ 日本規格協会
4) Steinmuller.W.E The Role of Technical Standards in Coordinating the Division of Labor in Complex System Industries in A.Pprencipe et al (ed) The Business of Systems Integration Oxford University 2005

5) Mokyr J (!990) The lever of Riches Oxford Press
6) Sturgen T.J (2002) Modular Production Network: A New American model of Industrial Organization MIT Working paper
7) K.Ulrich (1995) The Role of product architecture in the manufacturing firm, Research Policy 24 (1995) 419-440
8) Prahalad C.K(2010) The fortune at the Bottom of Pyramid (5th edition) Wharton Publisher
スカイレイトコンサルチング訳 ネクストマーケット２０１０
9) Schivelbush W (1983) Lichtblike 小川さくえ訳　闇をひらく光　法政大学出版１９８８
10) David.P (1987)The Hero and the Herd in Technological History :Reflection on Thomas Edison and The Battle of the System. Conference of Honor of D.S.Landes at Italy
11) Simon H (1962)The Architecture of Complexity Proceeding of the American Philosophical Society Vol106, No6 (1962)
12) Baldwin.C.Y and Clark K. (2000)Design Rule The Power of Modularity MIT Press
安東春彦訳　デザイン　ルール　東洋経済　２００４

日本を活かす

第3章　水ビジネス～日本の強みを活かす標準化戦略～

千葉祐介

※文末の数字は章末の参考文献を示す

21世紀は水ビジネスの時代

かつて、ロシアの宇宙飛行士ユーリイ・ガガーリンが残した言葉〝地球は青かった〟、宇宙から見る地球というのは、大気に覆われ、非常に美しい姿をしているという。そして、美しい姿を見せることができる一つの理由は、地球が〝水の惑星〟と呼ばれていることに示されるように、約１３．５億立方ｋｍの水が地表の約70%を覆っているからでもある。

地球上のあらゆる生物が生存する上で必須である〝水〟ではあるが、我が国では、〝水と空気はタダ（無料）〟と嘗て言われたように、普段の生活をする上で、我々日本人は〝水〟を意識することはあまりなかったように思われる。しかし、いわゆる〝水〟をビジネス（商品はタダではない）としてとらえるような動きが最近活発になってきた。本章のタイトルである〝水ビジネス〟という言葉にあるように、水を人間の公共財として見る考え方から、一つの〝商品〟としてとらえるようになってきている。そもそも、水道の蛇口をひねれば当たり前のように水が出て、しかもその水を飲むことができるというのは、世界から見れば〝当たり前〟とは決していえない。水道水を飲むことができる国というのは、日本を含めわずか十数カ国しかないと言われている。

そのような日本にいて、水不足を実感することは少ないように思う。しかし、世界では深刻な水不足によって、約12億の人が安全な水にアクセスできない状況にある。[1] この状況は今後も悪化する可能性があり、〝20世紀は石油をめぐる領土紛争、21世紀は水紛争の時代になる〟と言われている所以がここにある。水がビジネスとしてとらえられているということは、必ず各国、各企業間でのせめぎ合い、競争が起こる。ましてや人類が生きていくために必須である水が対象となれば、21世紀は水紛争の時代といわれるのも理解できる。我々日本人がこれまで馴染みのなかった〝水〟を商品としてとらえる考え方によって、水で人間同士が争う世の中、もちろんこのような世界は望まないが、我々としてもこのような世界に生きていることを意識する必要がある。

水ビジネス全体の市場は巨大であり、各国がこの市場の獲得に向け凌ぎを削っている。特に、水不足が深刻化しているアジアを含む新興国の水インフラは、未整備のところが多く、市場が急速に拡大してきている。このような国では、上下水道業者に水処理のノウハウがないことも多い。従って、部材ごとに発注するのではなく、給水、排水などのインフラを包括的に発注するケースが増えている。

我が国の水に対する考え方は、我が国固有の自然環境によるところは大きいが、それも我が国が培ってきた高度技術が支えているところである。実は日本は決して水資源が豊富な国とは言えない。下図に示すとおり、日本の水資源を、一人当たりの水資源と一人当たりの実質GDPの関係で国際比較すると、世界平均の約半分程度である。それにも関わらず水が豊かであると認識できるのは、我が国が培ってきた高度技術の支えによるところが大きい。

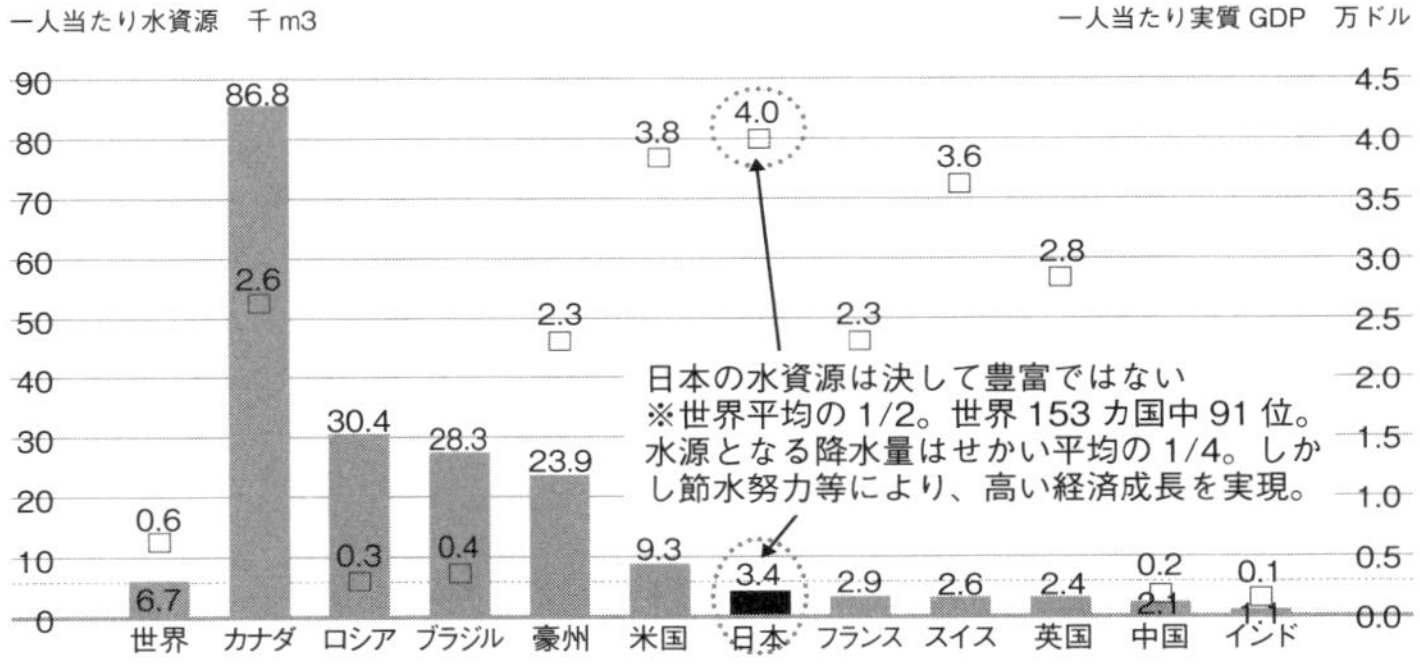

出所：経済産業省「平成20年通商白書」

水資源量と一人当たりのGDPの関係 2)

本章では、日本の高い技術力を活かしながら、水のインフラ輸出に活用し、巨大市場を獲得するためのビジネス戦略を設定していく過程における〝標準〟の役割から、水ビジネスを考察する。水は我が国では公共財であり、地方公共団体を中心として日本国民が安全/安心な水を飲める上水事業、環境や人の健康にやさしい下水処理事業を営んできた。しかし、欧州を中心とした〝水メジャー〟といわれる大企業が、今やアジアを始め途上国の水ビジネス市場に乗り出してきた。もはや我が国にとっても〝対岸の火事〟とはいいがたい状況にある。

水ビジネスマーケットの動向～90兆円規模の市場～

この節では、水ビジネスの巨大マーケットの概要を説明し、水ビジネスが多くの分野にまたがり、かつ、アプローチ方法も多様であることを説明する。

水ビジネスといっても、その分野は多岐に渡り、全体として約90兆円の規模といわれている。水ビジネスの分野及び各市場規模を、表に示す。

下表のように、水ビジネスは、上水（飲料水など）、下水（汚水処理など）、個別技術（海水淡水化、工業用水、再利用水、管路など）に大きく分けられる。なかでも、上水及び下水の事

	素材・部材提供 コンサル・建設・設計	管理・ 運営サービス	合計
上水	19.0 兆円 (6.6 兆円)	19.8 兆円 (10.6 兆円)	38.8 兆円 (17.2 兆円)
海水淡水化	1.0 兆円 (0.5 兆円)	3.4 兆円 (0.7 兆円)	4.4 兆円 (1.2 兆円)
工業用水・ 工業下水	5.3 兆円 (2.2 兆円)	0.4 兆円 (0.2 兆円)	5.7 兆円 (2.4 兆円)
再利用水	2.1 兆円 (0.1 兆円)	—	2.1 兆円 (0.1 兆円)
下水（処理）	21.1 兆円 (7.5 兆円)	14.4 兆円 (7.8 兆円)	35.5 兆円 (15.3 兆円)
合計	48.5 兆円 (16.9 兆円)	38.0 兆円 (19.3 兆円)	80.5 兆円 (36.2 兆円)

■ 成長ゾーン（市場成長率２倍以上）

■ ボリュームゾーン（市場規模 10 兆円以上）

■ 成長・ボリュームゾーン

（上段：2025 年…合計 87 兆円
下段：2007 年…合計 36 兆円）

出所：Global Water Market 2008 及び経済産業省試算

水ビジネス市場の分野及びその市場規模

業規模が、それぞれ40％以上を占めている。上水及び下水というのは、日本でいえば浄水場や下水処理場でのビジネスと考えられる。業態について言えば、水処理膜などの素材・部材供給やプラント設計・建設、エンジニアリング、施設の維持管理運営サービスと多岐に渡っている。海外の巨大な水メジャーは、これら水ビジネスのバリューチェーン全体に影響力を及ぼしており、圧倒的なシェアを占めている。

下図は、民営化された市場は、年率８％以上の成長が見込まれるという調査結果を示している。日本はこれまで水道事業は公営の業務として行われてきた。２００１年の水道法改正によって、水道事業においても民間業務委託が認められるようになったが、我が国の民間の水事業者の歴史はまだ浅い。現在でも各地方公共団体が上下水道を運営管理するところが大半を占めている状態である。

一方、世界を見渡すと、欧米各国では、民間の企業が水ビジネスに深く関与している。これらの国では、水道事業の民営化の歴史は古く、そのため国内だけの水ビジネスに留まらず、国境を越えた水ビジネスのノウハウ・知見は深い。しかも、巨大な水メジャーは、素材から設計、施設管理運営に至るまで、水

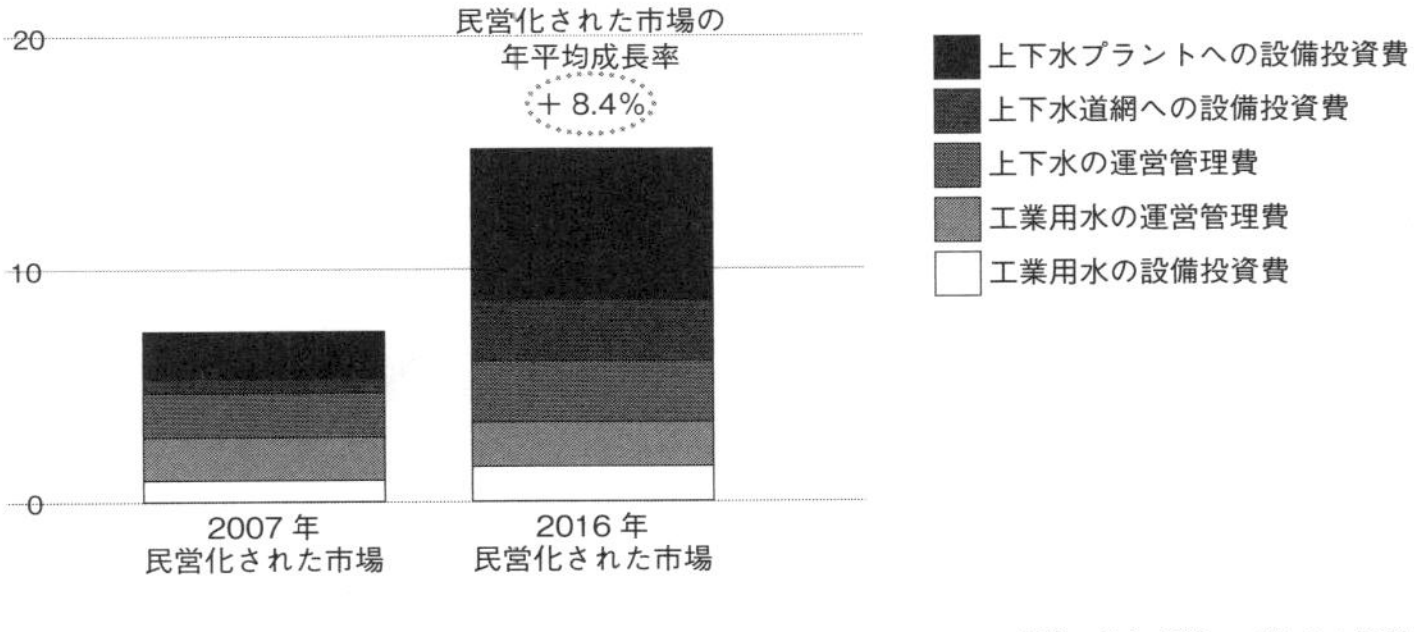

出所：Global Water Market 2008

ビジネスの民営化の市場成長率

ビジネスのバリューチェーン全体に影響力を及ぼしており、圧倒的な市場のシェアを占めている。我が国で水ビジネスという言葉が盛んに叫ばれるようになった一因として、欧州の水事業者がユーラシア大陸を越えて日本にまで影響を及ぼしつつあることを挙げている人もいる。特に、巨大な水メジャーは途上国の市場開拓に力を注いでいる。アジア地域だけでも、中国やインドをはじめ、急速な経済成長及び人口増加などの影響で慢性的な水不足が続いており、15年後にはアジアの水ビジネス市場は30兆円規模にまで伸びると予想されている。フランスの巨大水メジャーの一つ、GDFスエズなどは、相次ぎアジアで大型商談をまとめており、巨大な市場規模へ積極的介入を行っている。[3]

ビジネスを営む上で、標準化活動が非常に重要になってくることは、水ビジネスについても同様である。水という一つの巨大インフラの国際ビジネスが活発になるなか、我が国としても水のインフラ輸出において戦略的に立ち振る舞うことで、我が国の競争優位を確保しようというものである。しかし、〝水〟とはあらゆる生物が存在する上で不可欠なものであり、環境に深く影響を及ぼすものであり、人間が直接飲用するものでもある。したがって、コストパフォーマンス以上に、環境への優しさ、安全性と安定性が常に追求される。ここでも標準を利用するというアプローチが、我が国のインフラ輸出への貢献にもつながっていく。

水ビジネス全体の技術力～日本の優位性はどこにあるか～

日本は、〝ものづくり大国〟と世界から謳われて、高度な個別技術を基に経済成長を成し遂げてきた。日本の技術力は、水ビジネスの分野でも発揮されている。例えば、海水淡水化事業などで有名な〝膜〟技術があり、世界の膜市場の中で、日本企業全体のシェアは6～7割を占めており海外を圧倒している（有限責任中間法人膜分離技術新興協会調べ[4]）。

しかし、水ビジネス全体を考えれば、〝個別技術〟の市場規模は大きくなく、インフラとしての水を俯瞰的に考慮する必要がある。水ビジネスでは、個別技術もさることながら、水インフラ全体を一つの事業として考えなければ、インフラ輸出の獲得は難しい。この節では、水ビジネスをソフト面とハード面の技術などから、日本の優位性及び劣位性を確認する。

部品素材部門（ハード）

42ページの表は、水ビジネスの市場規模を、上水や工業用水、下水といった区分で分けている資料である。〝素材・部材供給、コンサル・建設・設計〟は合計で約48兆円であるが、（産業競争力懇談会）COCNが２００７年に発表した報告書「急拡大する世界ビジネス市場へのアプローチ」によると、素材（部材）の市場規模は世界全体で約１兆円規模といわれている。[6] 確かに膜を含む素材・部材について日本は優位に市場を獲得しているが、同報告書によると、国内企業の素材部門の海外受注は年間約１千億円程度にとどまっている。世界全体で数十兆円とまでいわれている水ビジネス市場規模と照らせば、１％未満の割合でしかない。それで世界の水メジャーと同じ舞台で水ビジネスの世界に食い込んでいくことは困難である。

管理運営部門（ソフト）

我が国では、いわゆる地方公共団体が事業を行っている分野である。本書の冒頭にも述べたが、水インフラを含むパッケージ型インフラのビジネスに切り込んでいくためには素材・部材の開発や設計・機器製造だけでなく、システム完成後の運転・維持管理などが必須となってくる。水の分野では、欧州の〝水メジャー〟と呼ばれる企業が世界市場の多くを獲得しており、かつ、最近ではシンガポールの企業などの〝新興メジャー〟といわれている企業も突出してきている。これら水のメジャー企業と呼ばれる企業の出身国には、国の上下水道の民間委託が早くから進んでいたという共通点がある。例えばフランスの上下水道では、約１５０年にわたり公設・民営方式が主流だった。また、英国はサッチャー政権下の１９８９年に、イングランドとウェールズにおける上下水道の完全民営化も実施している。このような環境でノウハウを蓄えた企業が、国際市場でも強い競争力を発揮している。フランスのVolia（ヴェオリア）社は、給水人口が約1億３１００万人。上下水道サービスの提供範囲も、ドイツや米国などの欧米圏にとどまらず、イスラエルやモロッコなどの中東・北アフリカ圏、中国や韓国などのアジア圏にも及び、我が国にもVeolia Japanという現地法人がある。Volia社の２００７年の水事業だけの総売上高は、１０９億ユーロであった。このように、管理運営まで一括して事業を行うことで、大きな水ビジネス市場を獲得できる。

一方、我が国に目を向けると、地方公共団体がこのシステムの運転・維持管理に経験を有している。２００１年に、水道法の改正が行われ、我が国でも上下水道事業の民間委託が可能となったが、主要国に比べると歴史は浅い。日本のシステムの運営・維持管理技術をもって海外進出するためには、いくつものハードルを越えなければならない。

単品よりもシステム全体の売りを目指す

水ビジネスの市場は大きく、分野も様々である。しかし、このビジネスが目指すところは、安全な水の提供（製造）及び使用した水の処理といえる。安全な水を提供し、使用済みの水を環境／健康に配慮しながら処理をすることは、日本で言えば主に地方公共団体の仕事となっている。しかし、この水ビジネスを輸出するには、最終段階の管理運営を含め、素材の開発やプラント建設など、水ビジネスのインフラ全体を一体となって取り組む必要がある。まさに、欧州の〝水メジャー〟は、インフラ全体で事業を行い、巨大な市場を獲得しつつある。我が国は、個別技術の優位性は高いが、管理運営のノウハウは表に出ておらず、特に民間企業のこの面でのノウハウの蓄積は未だ浅く、インフラ輸出においては弱い面となっている。

今後益々〝循環型水資源管理〟が重要になってくるであろう。[7] 水ビジネス全体で考えた場合、多くの分野が存在するが、水は結局川上から川下に流れ、そしてそれを再び川上に流すという、ループになっていることが分かる。この循環型水資源管理システムは、水を稀少かつ有限な資源であると考え、水循環を包括的に管理し、水を繰り返し利用することを目指している。その際に欠かせない技術には、日本が得意とする膜技術も含まれ、かつ、それを運用するシステムが必要となる。本節のタイトルにあるとおり、個々の技術単品で勝負するのではなく、システムに個々の技術を埋め込み、システム全体で売り込みを行う必要がある。

標準化の動向

これまで水ビジネス全体の概要について述べてきたが、ここからは水に関連するシステムインフラ輸出と標準がどのようにかかわり、標準はそれにどのように貢献できるのかを説明する。この節では、〝水〟に関係のある規格類の説明をし、かつ、現在開発が行われている規格の状況を説明する。なお、〝水〟に関する規格開発の歴史は古い。いわゆる〝ハード〟面での規格は非常に多岐に渡り、多くのJIS（日本工業規格）やISO規格（国際規格）などが発行されている。日本での水ビジネスというと、膜などの個別技術がまず考えられ、これに関しては膜の試験方法や水質、水道器具や超純水に至るまで幅広く規格開発がなされている。しかし最近世界ではむしろ〝システム〟の管理方法の標準化に注目が集まっている。そこで本章では、主に、管理運営に関係する規格開発の動向を紹介する。水ビジネスにおいては、上下水道の管理運営事業の市場が大きい。世界で進んでいるシステムの管理方法標準は、日本からのインフラ輸出にとっても非常に重要なことである。

ISO/TC 224における規格開発

ISOでは、規格の分野ごとにTC（技術委員会）やSC（分科委員会）が設置され、そこで規格開発が行われている。ISO/TC 224は〝飲料水及び下水サービスに関する活動―サービス品質基準及び業務指標〟という規格開発委員会である。２００１年にフランスから、飲料水及び下水に関するサービスの評価基準（業務指標）の標準化提案がなされ、ISO/TC 224 が設置された。提案国のフランスが幹事国及び議長国である。我が国も ISO/TC 224 に日本代表を派遣するなどして、積極的に規格開発に参画している。ISO/TC 224 では、既に ISO 24510 シリーズ（＊1）（ISO 24510, ISO 24511 及び ISO 24512）を発行している。この ISO 24510 シリーズの規格には、いわゆる〝マネジメント〟規格としての要素が含まれている。（＊2）この規格はフランスが提案したものであるが、フランスは国を挙げて水ビジネスを展開しており、まさに水ビジネスにおけるパッケージ型インフラ輸出を積極的に展開するための一つの戦略としてとらえているのであろう。我が国においても、パッケージとしてインフラを輸出し、システム全体の運営管理（マネジメント）まで行うことで、水ビジネスにおける競争力確保に貢献することが期待されている。更に、この規格のもう一つの目玉となっているのが、日本からも多くの提案を行った、PI（Performance Indicator; 業務指標）である。この規格の例を用い、組織はしっかりとしたアウトプット（この規格ではサービス）を出し、その結果を指標を用いて客観的に評価するものである。この評価指標はインフラ全体を運営するための最終工程とも言える。この指標の標準化の主導権を我が国が握ることができるならば、我が国が培ってきた上下水道管理技術の広範な展開の可能性が広がるであろう。

　このほか、ISO/TC 224 では、上下水道のクライシスマネジメント及びアセットマネジメントの規格開発を進めている。アセットマネジメントについて

注：

（＊1）現在 ISO 24510 シリーズは JIS 化作業中であり、タイトルは次のとおりとなっている。

ISO 24510：飲料水及び下水事業に関する活動—サービスの評価及び改善に関する指針

ISO 24511：飲料水及び下水事業に関する活動—下水事業のマネジメントに関する指針

ISO 24512：飲料水及び下水事業に関する活動—飲料水事業のマネジメントに関する指針

（＊2）ただし、いわゆる ISO 9001 のようなマネジメントシステム規格とは様相を異にしているので、ここでは“マネジメント規格”であるとは明記しない。

は、ISO/PC 251（アセットマネジメント）として汎用的なアセットマネジメント規格を開発する委員会ができたため、ISO/TC 224内での議論は中断しているが、クライシスマネジメントは、ISO 11830（Crisis management of water utilities）として開発が進んでいる。このクライシスマネジメントも、〝システム〟の一つの管理方法を規定しているといえる。特に２０１１年3月11日に起きた東日本大震災では、被災地の上下水道のインフラは壊滅的な被害を受けた。この経験を活かすためにもクライシスマネジメントの規格開発に我が国は積極的に貢献したいものである。このように〝システム〟の管理方法の標準化は世界でも関心が高いものとなってきている。我が国では各地方公共団体が独自に培ってきたノウハウによって上下水道事業を運営しており、地域密着型という利点を、統一的な管理方法として発展させようという概念はこれまで薄かったのではないだろうか。インフラ輸出が大きな市場を形成する現代において、日本発の地域密着型管理方法の国際発信はできないものであろうか。

新たな規格開発の動き～日本から提案されているものを中心に～

下水道管路や膜技術に関する規格開発は、ISOにおいて以前から行われていた。いわゆる〝ハード〟面の技術の標準化は、ISO設立以来の得意とする技である。しかし、最近ではマネジメント規格といったような、製品の特性を決めたり試験方法を規定するのではない、〝ソフト〟面の規格に注力をしている。この節では、我が国から提案を行おうとしている下水道管路管理計画について説明する。

〝管路〟とは、流体（ここでは上水／下水）が流れる管のことである。我が国では約42万キロにも及ぶ管路が整備されている。各国の状況は国によって異なるが、国民が健康的な生活を営むために上下水道の整備は必須であり、管路がその重要な役割を果たしている。管路の管理方法で、日本が規格開発に取り組んでいる内容が、〝下水道管路管理計画〟の標準化である。主に道路下にある管路は、その上を走る車輌交通などによって多くのストレスがかけられ、老朽化していく。したがって、管路の維持管理は必須であるのであるが、実際には公的に統一した維持管理方法などが示されていないため、維持管理が等閑視されているところもあることから標準化は非常に重要になっている。

この管路の維持管理計画を我が国のノウハウを取り入れつつ国際標準化できれば、我が国の持つ管路維持管理計画のノウハウを各国に対して輸出することが容易になり、特に近隣のアジア各国では、下水道整備が未だ発展途上にある国が多く、これらの国への管路インフラ事業のアプローチの一環としても期待できる。

水ビジネス展開における標準の役割

安全・安心な水事業展開への貢献

標準を社会制度として位置づけた場合、〝安全・安心社会の創出に資すること〟が標準の一つの重要な目的として挙げられる。人間がビジネス活動の結果として作る〝もの〟は、人類の豊かさに結びつくものではあるが、それは安全なものでなければならない。

水ビジネスは巨大な市場であり、かつ、水という人間にとって不可欠なものを題材としているビジネスだけに、〝安全〟は必須の課題である。水に関する安全基準は、古くから各地域地域において、法律や規格など多くの基準が制定されている。しかし、それぞれの（部品やサブシステムの）安全基準が互換性を持って標準化されていない現況下では、インフラを構成する各部品を一つの巨大システムの中にスムーズに安心して組み込むことはできない。一つでも安全性に齟齬を生じる要素が組み込まれた場合には、その影響はシステム全体に影響を及ぼしシステムは適切に機能しないことになる。ここで、パッケージ全体の機能（安全性を担保しているか）や個別技術の性能評価が必ず必要になってくる。先に紹介したISO 24510シリーズには、PIが規定されているし、ISO/PC 243（灌漑用途排水再生水の処理）で開発されている再生水の灌漑利用に関する規格においても、灌漑に利用できるための再生水の安全基準などが規定されている［WD（作業原案）時点］。このような規格を通して、我が国の培ってきた安全・安心のノウハウを規格に盛り込んで行けたら、Win-Winの関係を構築できるであろう。

日本の競争力強化への貢献

水ビジネスの市場が大きくなるにつれ、各国／各企業の動きが活発になってきている。47ページでも述べたように、水ビジネスではシステム全体を売り込むことが重要である。部材単品の技術が優れていて、その市場シェアの多くを獲得していても、途上国の水システムに、個別に高度な日本の上下水技術をそのまま当てはめることは難しい。システムインフラにあっては、部品と部品、モジュールとモジュール、モジュールとシステムなどのインターフェースの互換性が非常に重要である。インターフェースの互換性を確保するための標準化は、一方では個別技術の進歩を凍結する役割ももつが、他方インターフェースを固定化することによって、システム全体に影響を与えることなく、個々のモジュールや部品の改良を進め、新技術製品に取り替えることができるようにする。水ビジネスにおいても標準がこの役割を十分に果たせるであろう。

また、海水淡水化事業には欠かせない〝逆浸透膜〟についての例を挙げる。膜のエレメントのモジュールの大きさは標準化されており、互換性が確保されている。それによって逆浸透膜の〝コモディティ化〟が起こり、多くの組織の参入が容易になった。しかし、日本企業の優れているところは、製品のコモディティ化を受け入れただけではなく、自分たちの優れた技術を用いて、逆浸透膜の性能を向上させ、それを差別化要因とし自分たちの市場を築いていることである。

このような事例は典型的な標準化戦略に沿ったものであり、標準化の機能を理解できれば、逆浸透膜に限らず今後多くの事例がでてくるであろう。自分たちのコア技術は何で、どの周辺技術を標準化すればより自社に有利な市場開拓ができるか、我が国も水ビジネスを積極的に推進するにあたり、考えていく必要がある。

適合性評価～事業体の第三者評価について～

本書でインフラ輸出に関する適合性評価の重要性について触れた。適合性評価と一口にいっても対象とするものは多岐に渡り、製品認証、安全性の認証、マネジメントシステム認証などがある。水に関連した製品認証は当然ながら多くある。例えば、〝給水栓〟に関する規格がJIS B 2061として制定されており、実際に認証機関を通じて、新JISマークを取得する企業が多くある。そこでここでは製品認証とは別の角度から、我が国の水ビジネスにおける適合性評価について検証したい。

改めて42ページの表を参照する。約90兆円といわれている水ビジネスであるが、その多くを、上下水道の管理運営のビジネスが占める。管理運営とは、日本でいえば上水道、下水道におけるビジネスであろう。上水道では、取水から浄水を経て国民に対して安全安心の水を届けるものであり、下水道では、汚水や工業排水などを浄化して自然界などに戻したり、再生水として利用するものである。

上下水道は重要な社会インフラであり、公共性を有した事業である、また、上下水道事業は人口の増減と構成の影響を受ける。我が国は少子高齢化社会といわれて久しいが、このような中で上下水道事業の民間委託が盛んに検討されている。我が国で水ビジネスの重要性が認識されているのはこのような背景もある。民営化の中では、例えば海外に我が国の上下水道運営技術を輸出することも検討できる反面、これまで国や地方公共団体などの〝公〟の組織が担ってきたものを、〝私〟の民間が行うことは、〝信頼性〟の担保が重要になってくる。

この〝信頼性〟を担保するための制度として、適合性評価としての第三者評価制度導入の可能性がある。上下水道は、我々が生活していく上で欠かせない重要なインフラであるため、〝確実、安全かつ公平〟な運営が必要である。この確実、安全かつ公平な運営を、組織がきちんと行うことができ、国民に安全・安心な水サービスを提供できる能力を有するか否かの判断軸が必要となってくる。これはインフラ輸出という観点にたっても同様であり、輸出する際には、提供できる水の安全性や環境への影響などが必須条件となってくるであろう。

ISO 24510シリーズには、上下水道事業のマネジメント規格の要素を含んでいる。このような要素を含む規格を用いて、独立した第三者組織が、当該事業者の水は信頼性は担保されているという認証を与えるという可能性もあるであろう（ただし、現状のISO 24510は、第三者認証を目的として作成されたものではない。あくまでもガイドラインとしての位置づけで発行された）。現時点では、国際的な場においても上下水道事業者の第三者認証という議論には至っていないが、他のヨーロッパの組織などが、規格を用いた第三者評価のシステムを構築し、それがアジアや我が国に波及してきて、その第三者評価を行ったシステムだけが、国際的に通用するシステムであるということとなることも、可能性としては考えられる。我が国としてもその対応を検討しておく必要はあると考える。

インフラ全体の市場獲得への取組み

２０１１年６月の大手新聞に、水処理事業者と大手化学系会社の水ビジネスにおける業務提携について〟という記事が掲載されていた。上下水道事業の管路・水処理施設などの設計、建設、運転及び維持管理業務分野において、国内外の複合委託案件（管路と水処理施設が複合して委託される案件）の受注を目的とした共同営業活動及び受注した案件の業務を共同で遂行することを中心とした事業提携を行うことを目的としている。これまで蓄積してきた水処理事業のEPC（Engineering, Procurement and Construction：水処理施設の設計・建設）やO&M（Operation and Maintenance：運転と維持管理）のノウハウと、管路に関するバリューチェーン展開力（調査・診断～設計～製品～施工維持管理）を融合させることにより、市場優位性をより強固なものとし、国内外における水事業の展開を加速することを目的としている。[8]

水ビジネス全体の市場規模は拡大してきており、世界各国で市場の獲得競争が繰り広げられている。我が国としても産・官・学での積極的な取組みが多くなされているところである。前述の新聞記事は、その一例を報道している。また、〝標準化〟という観点からも多くの規格開発や標準化政策の検討など盛んになってきている。ISOにおいてもその理事会において、Water access and useというタスクフォースが設置され、よりトップダウン方式で重要課題として検討が今後行われていく。水という公共的な側面が強いものを対象とする場合、単にビジネスとしての側面だけを考えるのではなく、〝安全・安心社会の創出〟や〝サステナビリティ〟への貢献などを考慮しながら、我が国としても標準の重要性を認識しつつ、戦略的な水ビジネスへの取組みを強化してほしい。

コラム 4

サステナビリティへの貢献

サステナビリティ（Sustainability）という言葉が、標準化の世界で話題になって久しい。我が国では、〝持続可能性〟というように訳されているが、水とサステナビリティは当然深く関係している。標準の世界においてのサステナビリティの定義としては、1987年ブルントラント委員会が提唱した定義がある。〝将来世代のニーズを満たすための能力を損なうことなく、現代の世代のニーズを満たすこと〟。我々は、日々何らかの開発を行っている。それは私たちが生活をしていくために必要であるが、開発というのは何らかの資源を費やす行為ともいえよう。サステナビリティには、将来世代にもきちんとした地球を残すという想いがある。水を現代と同じように使い続けられる状態を保つことが、現世代の私たちに課せられた課題であるといえよう。

サステナビリティについては、実に多くの研究がされ、多くの組織が様々な角度からサステナビリティを検討している。標準化の観点からも、多くの規格開発が検討されているところである。ISOにおいては、規格作成者に対して、いかに規格においてサステナビリティを考慮するかに関するガイドを作成中であるし、ASTMでは、サステナビリティに関する独自の委員会を持ち、Sustainable construction（持続可能な建築）といった規格もある。その中には、〝建築における持続可能性の原則〟に関する規格（ASTM E 2432）があり、建築においても、持続可能な建築を達成するために、水効率、再生水使用の必要性などを規定している。

水にかかわる標準類を見ていると、海水淡水化など、〝造水〟に貢献できる膜の規格、上下水道事業者がしっかりとしたサービス（飲料水、下水）をアウトプットとして出すために組織のマネジメントを定めたマネジメント規格など、〝安全・安心〟な水を将来世代にも残すこと（サステナビリティ）も念頭においている規格類が多い。やはり〝水〟という人間にとって不可欠なものを対象としているだけに、持続可能性への配慮は必然的に高くなっていくのであろう。

コラム 5　水の分布

BBC（英国放送協会）が行った調査で興味深いものがある。

世界地図が2枚示されており、それぞれの地図のタイトルに〝Natural〟と〝Managed〟と記されてあり、各国が色で区分けされている。[9]

〝Natural〟とは、人間が手を加えず、自然の状態で人間が使用できる水の分布を表したものであり、〝Managed〟は、人間が手を加えて水を管理した状態で使用できる水の分布を表している。そして色分けの意味は、青が濃いほど水が豊富に存在し、赤が濃いほど水ストレス下（水不足）におかれていることを意味している。

〝Natural〟な状態の地図を見てみると、主に途上国［アフリカ（中部／南部）や南米など］は水が多くあることがわかる。逆に日本や欧米は赤く塗られ、自然の状態では水ストレス下に置かれてしまうことを意味している。

次に〝Managed〟の地図を見てみると、〝Natural〟とは逆転し、途上国が水ストレス下に陥り、先進国では水が豊かになる。

この逆転が生まれるのは、Manageするには莫大な費用が必要となり、途上国には管理する能力や予算も不足しているため、このような状況になってしまうということであった。

この図から、本章で考察してきたことを考慮すると何が言えるか。

〝システムインフラを構成するモジュールの概念を利用することにより、日本の優れた技術を標準化することにより、環境配慮型の技術を活かすことができる。また、システムインフラ全体を標準という道具を使い、モジュール化を推し進めるような設計思想が出来れば、部分の供給者はオープンになり、その部分に関しては、より優れた技術を持つ企業が優位を占めることができる。結果として、常に技術の最先端が反映でき、システムインフラ全体のコストも下がる。〟と言える。

システム全体の標準化によって、コスト削減がなされ、かつ、標準化された技術に担保され、安全・安心なシステム構築が可能となってくる。これは、現状では〝管理され〟た水の状態では水不足に陥っている途上国地域にとっても、有益な話になり得る。

冒頭に述べたとおり、アジアを含む新興国の水ビジネスの市場が急速に拡大しているなか、我が国も、水ビジネスにおけるインフラ全体に競争力をもつことで、こうした新興国へのビジネスの進出が狙えるし、水ストレス解消にも資することができる。

参考文献：

1) 地球温暖化白書ホームページ：http://www.glwwp.com/main/food.html
2) 経済産業省（2009）：平成２０年通商白書、p355
3) http://www.nikkei.com/news/headline/article/g=96958A9C93819587E2E0E2E2E68DE2E0E2E5E0E2E3E29494E7E2E2E2
4) 世界の水環境問題に貢献する日本の膜技術と水国家戦略　栗原優、2010
5) 服部聡之 著、水ビジネスの戦略とビジョン　日本の進むべき道（2011）：丸善出版
6) 産業競争力懇談会（ＣＯＣＮ）、
水処理と水資源の有効活用技術【急拡大する世界水ビジネス市場へのアプローチ】、２００８年
7) http://www.mofa.go.jp/mofaj/press/enzetsu/20/un_0924b.html
8) 水・ｉｎｇ㈱ホームページ：http://www.swing-w.com/information/2011/20110611.html
9) BBC ホームページ：http://www.bbc.co.uk/news/science-environment-11435522

日本を活かす

第4章　太陽光発電と風力発電

福永敬一

※文末の数字は章末の参考文献を示す

■注目される再生可能エネルギー

東日本大震災における原子力発電所の事故などを受け、自然由来のエネルギー源を利用し、発電を行う「再生可能エネルギー」と呼ばれるものに注目が集まっている。菅前首相は２０１１年5月26日にフランスで開催された主要国首脳会議（G8）で「エネルギーの未来を拓く4つの挑戦」として、既存の原子力エネルギーと化石エネルギーに加え、太陽光発電・風力発電・地熱利用・バイオマスなどの「自然エネルギー」の利用推進と「省エネルギー」に取り組むことを表明し、特に太陽光発電に関しては、２０２０年までにコストを現在の３分の1、２０３０年までには6分の1とすることを目指し、さらに日本中の設置可能な約1千万戸の屋根のすべてに、太陽光パネルの設置を目指すなどの具体的数値を示した。これは、「サンライズ計画」と呼ばれている。

また、飲食産業事業者が風力発電事業に参入する、あるいは日本の企業が海外の事業者と共同で風力発電事業に参入するなど、再生可能エネルギーに関する動きは活発化する一方で、日々話題に事欠かない状況である。この章ではそれら「再生可能エネルギー」のうち、「太陽光発電」と「風力発電」について紹介する。

増大するニーズ

太陽光発電・風力発電に関しては、各国がグリーンニューディール型の政策を進めていることや、フィード・イン・タリフ（FIT：Feed In Tariff 再生可能エネルギー電力買取の補償制度）導入を進めていることなどを受け、世界的にも需要が高まってきている。例えば、アメリカでは再生可能エネルギー・ポートフォリオ基準（RPS：Renewable Portfolio Standard）による発電事業者の再生可能エネルギー利用の義務付けなどを背景に、太陽光発電の大規模かつ急速な導入が進んでいる。中国も再生可能エネルギーの導入に力を入れており、２０１０年には風力発電新設容量が世界1位となっており、韓国でも太陽光発電・風力発電を重要輸出産業と位置づけ、国として支援を行い、陸地より効率的に風を受けることができる洋上風力発電にも力を入れている。

　こうした動きに合わせて、太陽光パネルを多数並べた発電所である「メガソーラー」や、世界最大の風力発電事業である「シェファード・フラット風力発電事業」、イギリスで運転を開始した世界最大の洋上風力発電所など、設備・プロジェクトともに大型化してきている傾向がある。

　２０１０年の市場規模は太陽光発電・風力発電ともに約5～6兆円ともいわれ、２０２０年には10～20兆円に達するとの予測が各方面でなされていることから、各国の企業はこうしたプロジェクトの受注競争を繰り広げており、今や巨大市場として世界から注目を浴びているのである。

日本と世界の状況

　国内の状況に目を向けると、太陽電池については、２００７年までは生産量が、また、２００４年までは太陽光発電導入量が世界トップ[1]であったが、２０１０年時点で生産量は5位（1位中国、2位アメリカ、3位ドイツ[2]）、新規導入量は4位（1位ドイツ、2位イタリア、3位チェコ[3]）と後退をしている。ただし、国内導入量に関しては、導入コストが低下していることや、補助金などの施策により、右肩上がりに増加を続けている状況で、２０１０年時点での累積導入量は約3,600 MW[3]である。一方の風力発電については、２０１０年時点で新規導入量が世界16位（1位中国、2位アメリカ、3位インド[4,5]）と、太陽光発電に比べて遅れをとっている感があるが、普及は着実に進んでいる状況で、２０１０年の累積導入量は約2,442 MW[4]である。

日本国内においては、「北風と太陽」の寓話ではないが、「太陽」の勝ちといえそうである。しかし、世界における状況をみると、２００９年の風力発電総設備容量は、約159GWに達しており、同年の太陽光発電の約30GWを大幅に上回っている。[5,6] 実は日本における状況とは逆に、世界では、「風力発電」の方が主流となっているのである。

昨今の日本は様々な場面において「ガラパゴス化している」などと揶揄されるが、この「再生可能エネルギー」分野においても、世界の潮流と逆を行っているように見える。

世界で風力が主流である理由

世界で風力が主流である大きな理由としては、風力のほうが発電量が多く、太陽光発電と異なり、風があれば夜間でも発電が可能（発電効率がよい）なことが挙げられる。これには欧州地域の風況（風の状況）が比較的安定していることがあるが、古くはヨーロッパにおいて干拓地の排水用のポンプとしての役割を果たしたり、小麦をひくことに使われるなど風車が動力源として用いられてきた歴史も関係しているようである。

我が国において風力発電の導入が太陽光発電に比較して進まなかったのは、地理的要因として、国土が狭く山がちで風車のように大型の設備を設置するのには用地が限られていること、また、ご存知のとおり台風、地震、落雷などが発生すること、さらに技術的要因として出力に不安定性を持つため、電力系統の品質を悪化させてしまう可能性があることなどが挙げられる。逆に我が国において太陽光発電が推進されている理由としては、１９７３年に起こった「第一次オイルショック」により、従来の石油依存のエネルギーの見直し先として太陽光発電技術に重点が置かれるようになったという歴史的背景がある。その後１９７８年に第二次オイルショックを経験し、ソーラーシステムは普及が拡大した。サンシャイン計画は「ニューサンシャイン計画」としてその後も存続し、冒頭の「サンライズ計画」へと続いていくことになる。一連の名称（サン）

からも太陽光に重点が置かれていることが読み取れるが、その名のとおり日本は太陽電池分野で非常に高い技術力を持っており、世界を牽引する存在である。そのほか、太陽光発電は「関連産業の裾野が広い」という点も挙げられる。太陽電池に関連する産業は、非鉄金属・化学・ガラス・窯業・鉄鋼・金属製品・機械・電気電子機器・輸送用機器・精密機器など多岐に渡っており、末端の使用者についても、個人から企業、地方自治体、電力会社までと影響範囲が非常に広いのが特徴である。[7]

一連の「サン」計画では都度、大型風力発電導入に向けての議論がなされているが、先述の地理的要因なども相まって普及が進展していないという状況がある。しかし、風力発電は発電コストが太陽光発電に比して低く、かつ、部品点数も多い（風車の構成部品は約1～2万点）。関連産業についても、機械要素・電気・化学などに渡っており、太陽電池同様に狭くない。[8][9] そのためここ最近は国内における風車の設置も増加傾向にあり、前述した「洋上風力発電」などは地理的阻害要因をクリアできるものとして期待されている。

さらに風車に使用される機械部品は、自動車産業におけるそれと重なる部分が多い[9]ことから、インフラ輸出に当たっては日本が得意とする「ものづくり」を強みとして活かすこともできる。

インフラ輸出と標準

標準の必要性

「標準」とは、第2章のコラム1（33ページ）で述べているとおり、「最適な秩序を達成するための、諸活動や結果に関する規則、特性などを共通にかつ繰り返し使用するための決まり」を意味している。我々の生活、ものやサービスを使う際もこの「標準」が深く関与しているのだが、普段その存在を意識することは少ないと思う。この章ではそんな「標準」の視点から、インフラ輸出としての再生可能エネルギーの現状や課題について考えてみたい。

まず、標準（規格）作成の必要性について、太陽光発電、風力発電をそれぞれ「太陽電池パネル」、「風車」という製品として考えてみたい（図下及び図左）。標準化が果たす期待効果の一つに、「コストダウン」と「技術の普及」がある。製品が広く普及し、販売されることはそれを作る企業にとっても、顧客にとっても望ましいことであるが、ここに標準の有効性の一つがあるのである。これを自動車の例によって説明すると、１９００年代初頭、それまで高価であった自動車が大衆に普及するきっかけとなったのがT型フォードであるが、フォード社は、自動車に使用する部品を徹底的に標準化し、さらには生産の工程についても標準化を行った。この2点により、大量生産と大幅なコストダウンに成功し、自動車の爆発的な普及がもたらされたのである。

インフラシステムを他国に移植（輸出）する際には、製品が大きく、複雑であればあるほど、現地で部材調達や組み立てを行う必要が出てくるが、製品のインタフェースが標準化されていれば、現地での部品調達は、先ほどの「コストダウン」の恩恵を受け、安価に行うことができる。また、国際的に統一した基準があれば、調達や組み

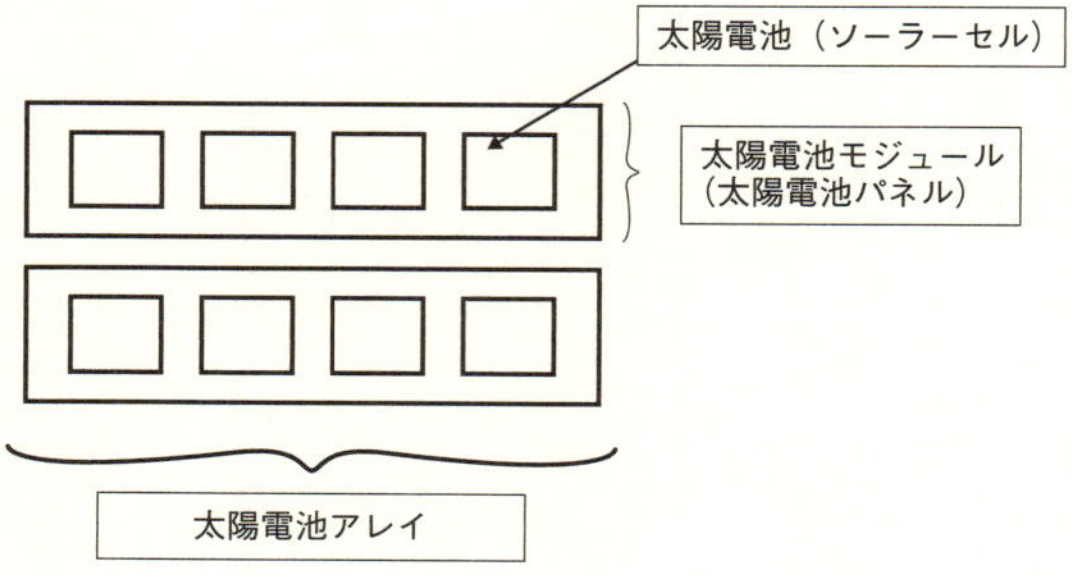

一般的な太陽電池製品構成

立てはスムーズになるし、輸出先で作業する相手にも説明がしやすいメリットがある。つまり「相互理解」を得るためにも標準は有効なツールとなるのである。また、経済がグローバル化する中で、必然的に国際的な分業が行われるようになると、様々な人間がものづくりに携わることになる。こうした状況においては、標準は、様々な人々が共通の目的を果たすための「コミュニケーションツール」としての役割を果たせるのである。

他方、第2章でも述べているとおり、インフラ輸出はBOP (Bottom of Pyramid) の側面から論じられることも多い。BOPを意識した（インフラ）製品は、堅牢であり、地理的気候的条件や操作者の技術レベルに左右されることなく機能すること、安価だが国際的な基準に対応した品質（高品質）であること、メンテナンスが容易であること、短納期で収められることなどが大前提となる。後述するが、これらの要求事項を満たすに当たっても、「標準」の果たす役割は大きいといえる。

標準化による問題

標準化によるメリットは一方でデメリットを生んでしまうこともある。例えば、技術の「普及」は「技術の流出＝スピルオーバー」という事態を生んでしまう可能性があるのである。「…共通にかつ

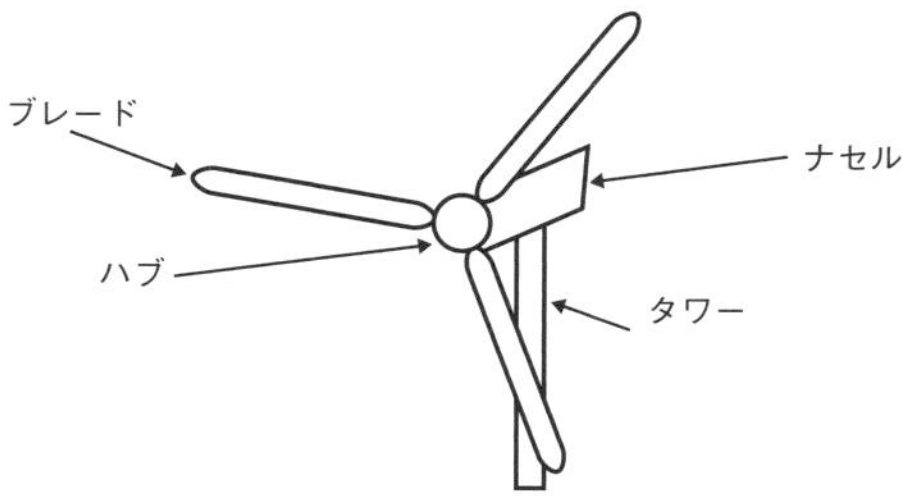

一般的な風車の構成（水平軸風車）

繰り返し使用する…」ということは逆にいえば「だれにでも作れる」ということにもつながる。先述したように、世界をリードしてきた日本の太陽電池も同様で、標準化の推進によって部品のコストが下がり、製品が普及をしていく。しかし一方で標準化によってスピルオーバーが起き、ほかの企業でも製品を作ることが可能になってしまったのである。スピルオーバーによって多くの企業の参入が促されると、製品のコストダウンが図られ、結果として価格の競争に陥っていく。価格の低下は需要者にとっては喜ばしいことではあるが、日本の企業の競争力が後退した理由もまさにここにあるといわれている。[10]

標準化と考慮すべき事項～差異の視点と標準～

標準化とブラックボックス化

インフラストラクチャーにかかわる製品には「標準化による問題」とは別に、ある共通した問題が存在する。その一つが、「ブラックボックス化」である。「…共通にかつ繰り返し使用する…」標準は普及のメリットがある一方で技術のスピルオーバーも起こしてしまうことは先に述べたが、企業のビジネス戦略上これは望ましいこととはいえないため、近年ではすべてを標準化するのではなく、コアとなる技術についてはあえて標準化しない「ブラックボックス化」という戦略がとられることが多い。そのため風車などは、発電機や変速機など、要となる技術はブラックボックス化されていることが通常である。しかしこのブラックボックス化は製品を運用する側にとってデメリットにもなってしまう。例えば、海外から輸入した風車が故障した際、それが要となる部分である場合には、現地の技術者では直せないという問題が発生するのである。２０１１年4月23日の海江田元経済産業大臣の記者会見では、まさにその点について触れられていた。大臣が視察したという八丈島にある風車はドイツ製で、その要であるプロペラのモーターの部分が故障したが、これを直すために現地の技術者を呼んだり、部品を海外から調達しなければならなくなったりで、停止していたというのである。

このように、長期間の維持運用が前提となるインフラストラクチャーの受入れ側にとっては、ブラックボックス化はマイナスに作用してしまうことになるが、一回性の製品輸出事業とは異なるパッケージ型インフラ事業では、アフターサービスなど運用を含めたビジネスであるので、インフラ製品を輸出する側にとってはこのブラックボックス化は有効に作用をするのである。システムの運営自体を商品として提供することはビジネス上大きなメリットになり得ることはいうまでもないが、その運営手法自体をブラックボックス化してビジネスにつなげるという方法も考えられる。先に述べた標準化によるコストダウン効果に、このブラックボックス化を絡ませることにより、標準化によって発生するマイナス面を補うことができるのである。

半量産製品

そしてもう一つの問題が、「半量産製品」という性格である。量産品の性質を持ちながら、相手国の環境に合わせてカスタマイズ（ローカライズ）を行う必要がある風車などは半量産製品の代表である。かつて日本で風力が伸びなかった理由の一つに、ヨーロッパで作られた風車をそのまま日本に持ってきて、失敗をするということがあった。先述のとおり日本では台風、地震、落雷など、固有の地理的事情が存在する。それ以前に、ヨーロッパの風況と日本の風況は大きく異なるので、外国製のものをそのまま適用すると問題が生じるのは当然といえよう（しかし日本における風車は、２００９年時点で約８割が輸入製品というのが現状である。[11]）。逆に日本の風車を海外に輸出する際も、その国の地理的事情は考慮しなければならない。太陽電池に関しても同様に、日照条件は地域によって同一ではない。発電効率の問題もさることながら製品の性格上屋外に設置されるものなので、耐久性についても問題となる。

このようにインフラ輸出を考えたとき、ビジネス環境がグローバル化したといわれる昨今においても、やはり国ごとの差異（気候や法規、習慣など）は考えなければならないものとして存在するのも事実である。[12]「差異」というと「問題」と、とらえられることが多いが、考え方によってはイノベーションを生み出す要因にもつながるものである。標準化は差異を小さくしていく手段の一つであるが、それが均質に均された場合、ビジネスの視点からは利益を生むために新たな差異を作ったりそこに着目していく必要が出てくる。この「差異→均質化（標準化）→差異」のサイクルがイノベーションのサイクルといえる。BOPビジネスの視点などはまさにそういえるのかもしれない。他者との違いを比べることから技術革新が生まれる例は、歴史を振り返っても明らかだろう。例えば、64ページで紹介したフォード社の例では、標準化によって自動車の「個性」が失われたことから消費者に飽きられるという問題が発生することになった。標準化のデメリットの一つに「個性の喪失」がある。ゼネラルモーターズ社（GM社）はここに目を付けて、標準化した部品を用いつつオプションと組み合わせることで車種のバリエーションを確保（＝差別化）し、大衆に好評を博したのである。

標準化とカスタマイズ

では標準化とカスタマイズは両立するのだろうか。両者はまるで正反対の概念であるが、その答えの一つを風車製造にみることができる。風車は、建設にさほど工数を要しないものの、部品調達においては購入品の比率が高い。しかし先に述べた気候的条件などの違いにより風車自体の設計仕様が場所ごとに都度異なるため、そこに標準化の恩恵（部品の一括購入や大量生産品の使用によるコストダウン）を得にくい状況があった。国内の風車製造最大手である三菱重工業株式会社は、この問題を「モジュラーデザイン活動」によって解決している。「モジュラーデザイン[13]」とは、標準化による部品種類数の削減と多様な製品バリエーションを両立させる設計技術のことで、先のGM社の戦略（ワイドバリエーション戦略）にその源流をみることができる。こうした活動を背景に、同社は２００７年に米国において大型風力発電設備の大量受注に成功しており、２０１０年度（2010～2014）の事業計画においても、業務プロセスの標準化・共通化として、モジュラーデザイン活動の推進を掲げている。[14) 15)] このように、一見すると二律背反する「標準化」と「カスタマイズ」を打ち消すことなく共に活かす手法としてモジュラーデザインは近年注目されている。

差異を活かす標準化

差異を作る（活かす）手段としての標準の使い方に「適合性評価」を挙げることもできる。「適合性評価」とは簡単にいうと、ある製品に対する規格がある場合、その規格の要求事項を当該製品が満たしていることを評価し、担保することである。それは通常客観性を持つ必要があるため、当事者（例：製造者と発注者）とは関係のない第三者が行う。第三者が規格適合性について文書で「お墨付き」を与えることを「認証」というが、製品の性能が第三者によって「お墨付き」を与えられていれば製品を製造する者にとっても信頼性が確保でき、他者との差別化にもつながる。同時に、購入者にとっても認証の取得の有無が購入に際しての判断材料になり得るのである。特にインフラ輸出に当たってはシステム全体が問題なく機能するか否かが重要であるため、客観的な基準でそれをはかり、検証・評価されることで、購入者の理解を得やすくなる。また、これは製品だけに限らず、組織であれば、そのマネジメントなどについて一定の水準を満たしていることを認証の取得によって客観的に示すこともやはり他者との差別化要因につながる（製品の差別化と組織の差別化）。

このような背景から、太陽電池・風車ともに「適合性評価」に関する規格類が作成されている。次に太陽電池、風車それぞれの適合性評価の実態について見てみたい。

太陽光発電、風力発電の適合性評価

風力発電の適合性評価

風力発電（大型風車）に関しては、IEC 61400-22 [16] という規格により、認証が導入されている。この規格の特徴としては、製品の認証（型式認証）に加え、プロジェクト認証というものが存在する点である。特に大型の風車の場合、風車という製品の品質や安全性を確認することも重要であるが、それを設置する「場所」の条件が非常に重要な意味を持ってくる。その場所における風況の調査はもちろんのこと、電力系統を接続することが可能な立地なのか？また、風車という大型の製品を運ぶための手段が確保されているか？などがその対象となる。また、大型風車における発電は大規模プロジェクトであるため、資金確保の観点から、それら事業全体の適正についても担保する必要がある。そのため、この国際規格では風力発電所を対象としたプロジェクト認証というものが示されているのである。[17]

もともと風車の認証の先駆けとなったのは、ドイツであり、GL（Germanischer Lloyd：ドイツ船級協会）が作成した規格（Germanischer Lloyd rules）がある。そのほか、欧州では風車先進国であるデンマークや、ノルウェーに本拠を置く第三者認証機関であるDNV（Det Norske Veritas：デット・ノルスケ・ベリタス）などが、認証機関・規格作成機関として知られている。

注： IEC System for Conformity Testing to Standards for safety of Electrical Equipment : IEC 電気機器安全規格適合試験制度

輸出を行う日本の企業はこれら認証の取得を行っているが、日本では風車の認証は必須要件とはなっておらず、先のIEC規格における認証もまだ検討中である。現状風力発電施設の建設については、新エネルギー・産業技術総合開発機構（NEDO）が「風力発電導入ガイドブック[18]」を作成しており、さらに各自治体も個別にガイドラインなどを作成している。風力発電導入には、立地調査・設計・建築工事の各段階において、電気事業法・建築基準法・道路法・道路交通法・河川法・農地法・電波法・航空法・消防法・騒音規制法・振動規制法など関係する法規が多岐に渡っているため、認証の導入とともに、今後はこれら法規についても、国際的な標準や認証制度とリンクしていくことが望まれる。

太陽電池の認証～IECEE-PV-FCS制度～

太陽電池に関する認証は、IECEE-PV-FCS制度というスキームによって運用が行われている。[19][20] この制度は、IECEE（70ページ注）で承認されたNCB（National Certification Body：国内認証機関）がIEC規格に基づいた電気機器の安全性試験をCBTL(CB Testing Laboratory:CB試験所)と呼ばれる試験機関で実施し、その結果規格に適合していた場合に製造業者に対してCB証明書を発行し、このCB証明書を活用して加盟各国の電気機器安全認証手続きを簡略化して貿易の促進を図ることを目的としたものである。２０１１年７月現在は11ヵ国22機関がCBTLとして登録されており、日本におけるNCBは一般財団法人電気安全環境研究所（JET）とテュフ ラインランドジャパン（TÜV）である。また、この制度における認証は我が国においては自治体の太陽光発電装置設置補助金の交付用件の一つともなっており、活用されている。

太陽電池認証における新たな問題

先の章で「適合性評価」が他者との差別化にも使用できるという話をしたが、この「差別化」についてもう少し考えてみたい。自転車を例にとるとわかりやすい。自転車の各部品は、JISによる適合性評価を受けることができるものである。自転車はその部品群を組み合わせて自転車という完成品としてJISマーク認証を受けることもできる。近年市場で流通している自転車には製品事故も多く見られるが、これは海外製の安価な自転車の市場流通が一因ともいわれ、標準化によって多くの企業の市場参入が促されることで、過当競争からコスト競争に陥り、粗悪品も流通するという事態になったといわれている。ここで製品の差別化を行うために適合性評価を用いるわけだが、自転車には「JISマーク」があるにもかかわらず、最近話題になったのが自転車の新しい安全基準適合マークである「BAAマーク」である。JISマークは一定の品質確保については間違いがないものであるが、差別化のためにはもう少し高いハードルの基準を設けることが必要となり、そこでBAAの登場となったわけである。これと類似の事態が太陽電池にも起きている。実は太陽電池に関する現在の認証規格も、一定限の要求事項を規定したものとなっているため、現状では低品質品と高品質品とを区別することができないという問題が顕在化してきている。市場の創成期においては、一定水準の品質の確保を決めた標準（規格）は有効に作用をしていたのだが、技術や市場が成熟してくると、そのような作用も薄れていってしまうのである［差異→均質化（標準化）→差異のイノベーションサイクル］。標準は時代に合わせて常に内容を見直していく必要のあるものだが、これに追いついていない状況がある。加えて現在では、より長期間の耐久性をもつ製品が消費者から要求されており、海外メーカーでもそうした動きに合わせ、太陽電池パネルの性能保証を20～25年としている。

日本のメーカーによる保証期間は10～20年とされるが、これをもって一概に海外メーカーとの比較はできない。太陽電池分野においては、何より高品質・高性能が日本の強みであるため、それを客観的に評価できる新たな標準の必要性は高い。

このようなニーズに合わせてIEC規格に基づく認証に新たな側面を追加した独自の認証が生まれつつある。しかし、一つの製品に対して様々な認証が立ち上がることは混乱を招きかねないし、それぞれの認証の相互比較もわかりにくいものになるだろう。それにはまず基準が必要となる。加えて太陽電池は、その構造上（図参照）セルの周りを充てん材（透明樹脂：エチレン酢酸ビニル共重合体EVA、ポリビニルブチラールPVB、シリコーン樹脂など）で覆われている。また、バックカバー［PVF（ポリふっ化ビニル）、PET（ポリエチレンテレフタレート）、PE（ポリエチレン）］などについても同様に樹脂が使われており、これらは太陽電池の耐久性に大きく作用する部材であるが、現行の規格ではそれを確認するための評価方法がない。

こうした状況を踏まえ、独立行政法人産業技術総合研究所では高信頼性太陽電池モジュール開発・評価コンソーシアムを立ち上げ、市場要求に応えられるような標準の作成に取り組もうとしている。[21]

メガソーラーの認証

IECEE-PV-FCS制度のように製品としての太陽電池の認証がある一方で、近年増加している大規模太陽光発電所である「メガソーラー」に関しては、

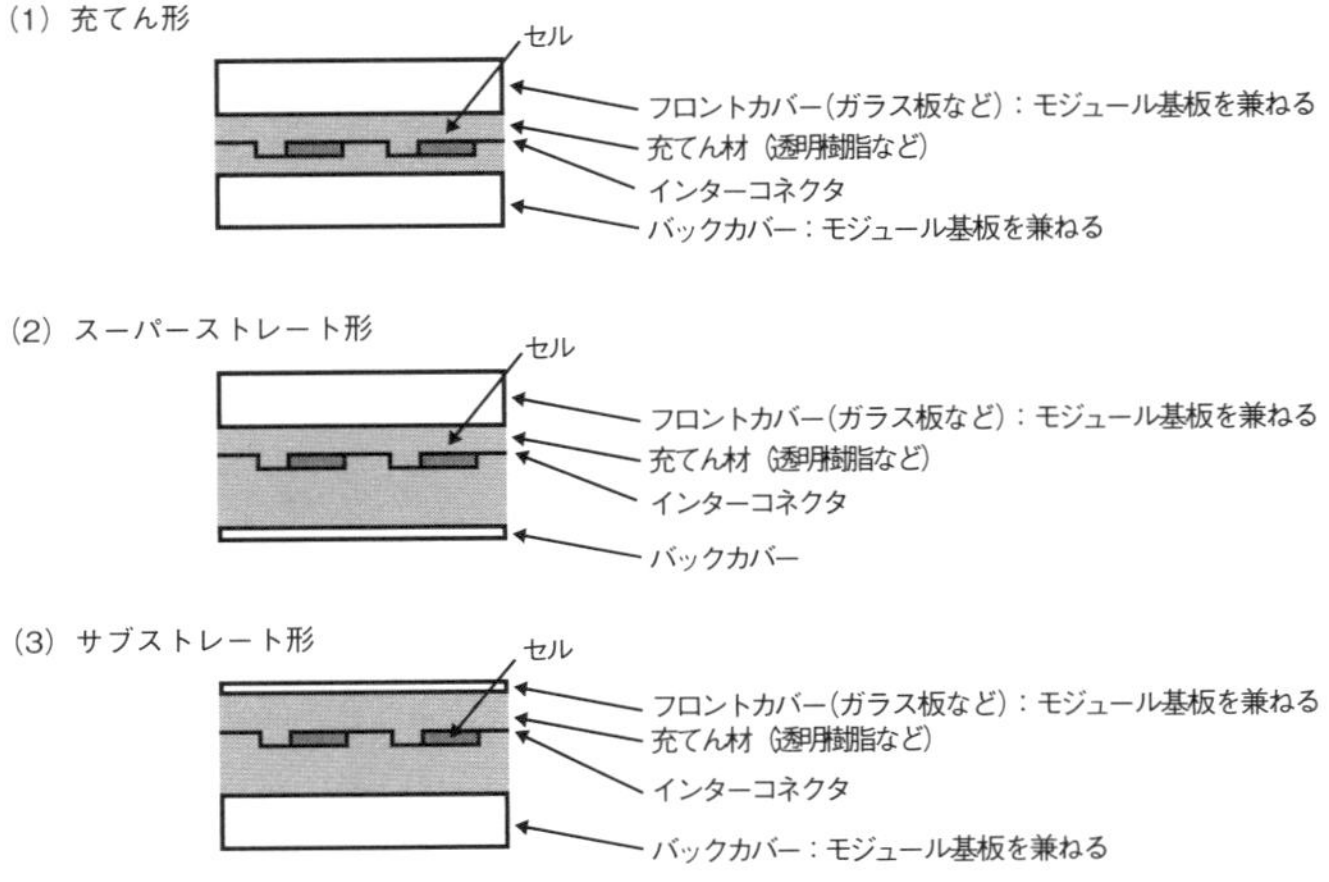

結晶系太陽電池モジュールの構造（JIS C 8918より抜粋）

風力発電におけるプロジェクト認証のような事業全体の適合性を評価する仕組みはまだ存在していない。だが風力発電同様メガソーラーにおいても「システムインテグレーター」（SI）と呼ばれる、企画提案からサイト調査、設計、部材調達、施工、保守までを行う者（企業など）が存在し、大型プロジェクトの推進に当たってその役割が重要になってきている。セルやモジュールが価格競争にさらされるなか、各国のセル生産事業者などは発電所運営や保守などで収益を得られるSI事業に手を広げるケースが近年増えており、インフラ輸出に当たって日本でもシステムインテグレーターの育成が急がれている。これらに関する標準の動向は今後注目すべきものの一つといえる。

標準化への参加

以上標準の視点を中心に太陽光発電と風力発電について見てきたが、それぞれの背景に標準が大きく関与し、影響をしていることが理解できたと思う。また、インフラ輸出を考える際には、「差異」について考慮しなければならず、それぞれの状況やビジネス戦略ごとに異なるだろうが、「差異」を小さくする、あるいは逆に活用する、いずれの場合でも「標準」が有効に作用する可能性を持つものであることがわかるだろう。注意すべき点は、これら標準は受身でとらえるのものではなく、積極的に関与していくことが必要であるということである。これは国際的な標準であればなおさらで、例えば風車の国際規格は、残念ながら現在の日本の気候条件などが考慮された内容とはなっていない。日本でも現在、関係工業会の努力により積極的な国際標準化活動が行われているところであるが、標準の作成に関与しないことで、思わぬ不利益を被り、ひいては国際競争力を失ってしまうこともあり得る。インフラ輸出という巨大なビジネスを有利に展開していくためにも、標準を戦略的に活用し、かつ、ルールを作る側に回っていくことが必要なのである。

時代を映す鑑

最後に、太陽光発電と風力発電に今後どのような標準が望まれ、作られていくのかについて、最近のトピックから見えてくる潜在的な問題を挙げ考えてみたい。

太陽電池・風車が世界的に普及していくなかで、それらの中古品に関する市場が誕生しつつある。欧州では近年風力タービンの中古市場が活発化している。スコットランドの西部にあるギーア島では、島民が保有する公益企業が中古の風力発電タービンを購入し話題となった。[22] 風車は、その構造上基礎部分は移動させることができないが、上の部分（ブレード、タービン部分）については比較的容易に交換することが可能であるため、今後はこうした中古品市場は益々活発化していくことが予想される。こうした動きに合わせるようにして、インターネット上には中古風車販売のマーケットプレイスなるものも登場している。中古品は新品より安く調達できるメリットがあるが、一方で性能についての信頼性も問題となるだろう。

太陽電池についても同様に、中古市場が活発化している。ここでも問題となるのは中古電池の回収や性能の検査についてである。現在ある規格（標準）は、いずれも新品を想定しているものであるので、こうした中古品に関するニーズが高まってくれば、そのための標準が必要となってくる。そして、インフラストラクチャーとしての視点からはそれらを維持管理する「人材」の問題が出てくる。さきほどの中古風車のマーケットプレイスにおいても、製品のみならず技術者訓練も商品として扱われており、長期間に渡って安定的にシステムを運営するには、当然それにかかわる人員教育や作業手順など適切に管理を行う必要がある。例えば、人材育成については、日本でも動きがあり、「風力発電トレーニングセンター」というものが設立されている。[23] また、メガソーラーに関しては前述のとおりであるが、太陽電池は大規模な発電所のみならず一般家庭にも設置される。そこでの普及に伴い、設置施工に関係するトラブル（設置不良によるパネルの落下事故や十分な性能が得られないような不適切な設置が行われているなど）も年々増加してきている。そのため、業界団体やメーカーなどで人材育成が行われており、資格制度も検討されている。

風車は、今後ますます大型化する傾向にあるが、それに比例して点検や保守の難しさも上がっていく。同時に、風車自体に人が作業（居住）する「場」としての役割が付加されることも予想される。そうなれば、作業員の安全や作業環境が問題となってくる。

以上のような「（潜在的な）問題」を解決する手段でもある標準は、ある意味で「世の中を映し出す鑑」ともいえるのかもしれない。

コラム 6　標準化とローカライズ

世界がグローバル化したといわれて久しいが、最近の研究では思うほどグローバル化は進展していないとするものもある。世界がグローバル化に向かっていることは否定するまでもないが、世界を完全にフラット化した単一市場とみなしてビジネス展開をすると、時に企業は国ごとの差異に直面し、その結果海外市場から撤退したり、あるいは反対に「ローカライズ」を進めていくことになる。

フラット化した単一市場であれば、相手側にも共通の理解があるため、標準化された製品や手法は適用しやすいが、そうでなかった場合（ローカライズが必要になる場合）には標準化は役に立たないのであろうか。

身近な例としてファストフードのマクドナルドを挙げることができる。マクドナルドが世界に事業拡大した要因の一つは標準化である。徹底した標準化により、世界中どこでも同質のモノ・サービスを提供することができている。しかし同社は標準化された規則（グローバルルール）のみ運用しているのではなく、例えば商品開発などは各国の独自性（ローカルルール）に任せる部分(例:インドでは牛肉を使用しない、アジアでは米を使った商品を作るなど)を残しており、その二つが相俟って普及につながっている。

このように、標準化は、標準化すると有効な面・マイナスになる面、標準化する内容・そのタイミングなどについて判断し、戦略的に活用していくことが必要である。

参考文献：『コークの味は国ごとに違うべきか』パンカジ・ゲマワット著（文藝春秋）

参考文献：

1) 資源エネルギー庁：平成21年度エネルギーに関する年次報告（エネルギー白書 2010）
2) ２０１０年の太陽電池設置量は 18.2GW で市場規模は６.５兆円—Solarbuzz 調査　日経エレクトロニクス：http://techon.nikkeibp. co.jp/article/NEWS/20110318/190447/
3) Global Market Outlook for Photovoltaics until 2015：EPIA（EUROPEAN PHOTOVOLTAIC INDUSTRY ASSOCIATIONEPIA）
4) ２０１０年末導入実績：世界1位は中国、日本は12位、一般社団法人風力発電協会　２０１１年2月3日付　http://log.jwpa.jp/content/0000289166.html
5) GLOBAL WIND STATISTICS 2010：GWEC（Global Wind Energy Council）http://www.gwec.net/
6) RENEWABLES2011 GLOBAL STATUS REPORT：REN21（Renewable Energy Policy Network for the 21st Century）http://www.ren21.net/
7) ソーラー・システム産業戦略研究会：ソーラー・システム産業戦略研究会　報告書、２００９年3月
8) 上田悦紀：風力発電の産業効果、電機、２００９年7月号、一般社団法人日本電機工業会
9) 眞鍋修一：風力発電を対象とした環境影響評価制度に関して、２０１０年10月29日（第１回風力発電施設に係る環境影響評価の基本的考え方に関する検討会資料）
10) 小川紘一：国際標準化と事業戦略　日本型イノベーションとしての標準化ビジネスモデル、白桃書房
11) 日本における風力発電の状況、独立行政法人新エネルギー・産業技術総合開発機構 http://www.nedo.go.jp/library/fuuryoku/state/1-03.html
12) パンカジ・ゲマワット：コークの味は国ごとに違うべきか、文藝春秋

13) 日野三十四：実践　モジュラーデザイン、日経 BP 社
14) 三菱重工業株式会社：２０１０年事業計画
15) 三菱重工業株式会社：CSR レポート 2008
16) IEC 61400-22:2010 Wind turbines - Part 22: Conformity testing and certification
17) 鈴木章弘：風力発電システムの実用化と標準化動向、標準化と品質管理、Vol.62、No.12、P40、財団法人日本規格協会
18) 独立行政法人新エネルギー・産業技術総合開発機構：風力発電導入ガイドブック（２００８年２月改訂第９版）
19) 猪狩真一：太陽光発電システムの実用化と標準化動向　太陽電池の性能評価、標準化と品質管理、Vol.62、No.12、P4、財団法人日本規格協会
20) 津田泉：太陽光発電システムの実用化と標準化動向　太陽電池発電システムの標準化動向、標準化と品質管理、Vol.62、No.12、P13、財団法人日本規格協会
21)「高信頼性太陽電池モジュール開発・評価コンソーシアム」を設立、独立行政法人産業技術総合研究所プレスリリース　２００９年10月21日付
22) A Second Wind for Aging Wind Turbines、Bloomberg Busiesweek ２００８年６月25日付
http://www.businessweek.com/globalbiz/content/jun2008/gb20080625_515024.htm
23) 風力発電トレーニングセンターが完成―拡大する風力発電設備のメンテナンス強化に寄与、三井造船株式会社プレスリリース　２０１０年９月20日付

日本を活かす

第5章　スマートグリッド

岩垂邦秀

※文末の数字は章末の参考文献を示す

■スマートグリッドが注目される理由

電力問題を解決するスマートグリッド

米国オバマ大統領が、グリーンニューディールと銘打ち新政策を打ち出した際に、そのキーワードとして注目されたのがスマートグリッドである。スマートグリッドとは、ICT（情報通信技術）を利用した、より高度に制御できる電線網のことである。発電する、電気を送る、電気を受け取る、電気を使うといった電力の一連の流れをインターネットのようなもので制御するというとイメージしやすいだろう。これは、発電所からの送電、自家発電、電化製品、電気自動車、蓄電池、産業機械、それらをつなぐケーブルやプログラム、ICTなど多様な技術と部品・製品の集まりから構成される。以下スマートグリッドの役割と効用を具体的な例を上げてみていきたい。

電力は、私たちの家庭や工場などで利用する電力（需要）と、作られる電力（供給）のバランスが重要になる。電力は貯めにくく、需要に対して供給力が足りないと大規模停電が起きてしまうためである。米国では、2003年にニューヨークを含む大規模停電が起き、2006年には、ヨーロッパでも大規模停電が起きている。2011年、東日本大震災の影響による計画停電があったが、これは大規模停電をさけるために実施されたものである。計画停電は、スマートグリッドの有効活用で回避は可能となる。スマートグリッドは、需要と供給の量の把握と調整が自動ででき、優先順位の低い電力から先に止めることが可能となるためである。電力が余っているときは電気料金を下げ、電力が逼迫している際には電気料金を上げることによって電力需給を経済的にコントロールすることもできる。

スマートグリッドは、再生可能エネルギーの供給の不安定さの課題も解決できる。例えば、太陽光発電の場合、曇りになってしまうと発電量が落ちる。落ちた発電量分について他の発電所の電力に頼る人が多くなると、要求される電力が発電所の最大発電量を超えてしまい停電してしまう可能性が高くなる。そうなると病院などでは、人命にかかわる事態に陥ってしまう。そこで、スマートグリッドを利用し、予測した天気に応じて電力の利用を消費者がもしくは電力会社が自動で調整するのである。例えば、晴れを機械が感知すると、給湯器の湯を作り、自動で洗濯機や電気自動車の充電を開始させる。曇りであれば、保温していたお湯を使い、洗濯機などの家電は利用せず、ほかの必要な電力は充電された蓄電池や電気自動車の電力でまかなうことなどが考えられる。[1]

新たなビジネスへの期待

困難な設定を行うことを嫌う消費者へのスマートグリッドの普及には、家電をコンセントに挿すだけでスマートグリッドの様々な恩恵を受けれるような「プラグアンドプレイ」が必要不可欠となるだろう。このようなことが可能となれば、スマートグリッドの電力に関する恩恵以外の副次的効果もある。例えば、家電をコンセントに挿すだけで電力の使用状況を外部から確認できるようになる。すると、高齢者宅で毎朝利用しているはずの家電が、ある朝、動いていないことを把握できる。動いていないことがわかると、その場所へ何があったのかをすぐに確認することができる。この例では、高齢者の孤独死の軽減などにも役に立てることが可能となることが分る。また、家庭内の各家電の電力の使用などからライフスタイルが把握できるようになり、個人へのニーズにあった広告が可能となるなどの新しいビジネスモデルも誕生すると考えられる。

これに加えて、近年、ビジネスとしても注目を集めているBOP（Bottom of Pyramid）にスマートグリッドが広がることにより、その市場規模も広がると見られる。BOPは、1日の収入が8ドル以下の人々を指し、世界の人口の半分以上で37億人もいるとされている。[2] BOPの多いアフリカや東南アジアなどの新興国では、発電所や送電網が十分でないため、太陽光発電など小型分散発電による、畑などの獣避け、灌漑用水のためのポンプ、家庭の照明などのニーズは非常に高い。また、ケニアでは、携帯電話が急速に普及しているが、その主な用途は、通話でなく銀行取引などに利用されている。新たな技術は普及するにつれて思いがけない新しいビジネスを創出する。

電力線と通信技術が結合したスマートグリッドでも同様の可能性を秘めている。例えばある地域に太陽光発電を設置し、この地域内で太陽光発電から生産された電力をスマートグリッド（狭い範囲ではマイクログリッドと呼ぶ）を使って効率的に利用する。余った電力で水の浄化や電池への充電を行う、これらを必要とする地域もしくは人が、携帯電話などの通信を使って、どのくらいの量をどのくらいの値段で欲しいかを提示する。このように新たな資源である電力や水を売ることによって、経済が活性化できる。むろん、太陽光パネルの商品コストなど、解決しなければならない大きな問題も多数あるが、BOPの総収入が２００８年には2.3兆ドル、２０１５年には、４兆ドルに上ることが予測されるなか、[2] 遠くない将来、スマートグリッドの新たな役割がBOPの中で醸成されながら、その市場が急速に拡大していくと考えられる。日系企業の中にも、海外の多数の企業と連携し、アフリカに太陽光による小型分散発電を設置するということ[3]や、BOPを対象とした発電や浄水の実証実験など具体的な動きも出てきている。[4] [5]

このように、スマートグリッドは、電力問題、コスト、環境負荷、高齢者問題、貧困問題などを改善し、より良い社会を実現するためのキーテクノロジーとなりうる。２０１５年には世界の累計投資規模が２０００億ドルとも言われ、[6] 既存インフラ事業関係者のみならず、住宅メーカーや自動車メーカー、また、グーグル、マイクロソフトなどの多様な企業が参入し、新しい市場として世界から大きな注目を集めている。

スマートグリッドと標準化

スマートグリッドは、新しいインフラシステムである。我が国が培ってきた高い信頼性を誇る他のインフラ分野と異なり、パッケージ型インフラとして海外に輸出するには未だ時間はかかる。他方、スマートグリッドは、どの国でも普及していないインフラである。新たな市場を開拓する大きなチャンスでもあることからビジネスへの影響を考えながら標準を作成していくことが重要である。この点を踏まえて、標準の機能とスマートグリッドとの関係を見ていきたい。

ネットワークの重要性

スマートグリッドは、いわばICTと電力のネットワークにより構成される。複数のネットワークが存在する場合、新規加入者はより多くの便益を得られるネットワークを選択するはずである。下図のAとBを比較した場合、新規ユーザーは、より多くの人とやり取りが可能となるBを選択する。他方、AとBの既存ユーザーの向上する便益は、新規ユーザーが一人増えるだけであるため同じである。これをネットワーク外部性と呼ぶ。図中、Aにそれ以上の特別なメリットがない限りBのユーザーが増えていくことは自明である。

スマートグリッドで考えれば、あるネットワーク（コミュニティ）と別のコミュニティとのシステムの互換性がないと、コミュニティ間のやり取りにコストが掛かったり、電力のやり取りができないとか、遠隔操作ができないというようになっ

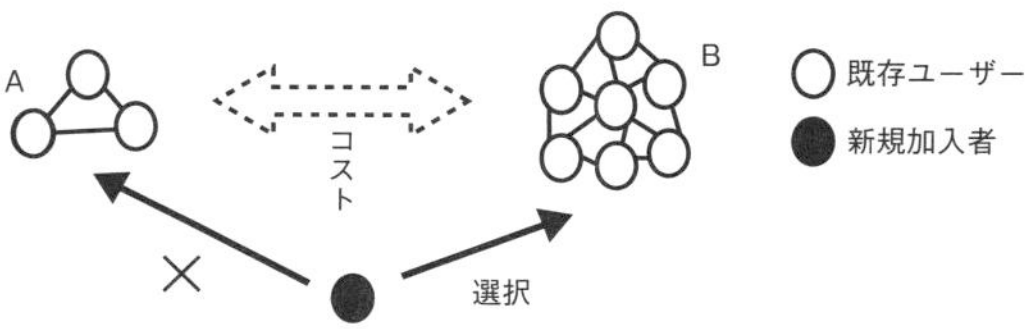

ユーザーの選択するネットワーク

たりする。そうであれば、できるだけ多くの参加者がいるスマートグリッドコミュニティに参加した方が、自分の電力を売りたいとき、買いたいときにその相手を見つけることが容易になる。一方、電力とその情報をつなぐのにICTのシステムを利用することになるが、コミュニティがこのシステムを変更するとなると多くのコストが掛かる。変更のためのコストは、そのコミュニティで利用する人が多ければ多いほど増大する。このため、コミュニティでそのシステムを入れ替えるコンセンサスを得ることは難しくなり、よりよいシステムが開発されても結局、同じシステムが長く使われることもありうる。これがロックイン効果と呼ばれるものである。また、システムが標準化された後、特許が使われていた場合には、後にその特許料を支払う必要が出てきて、システムのコストが上がる場合がある。この場合は悪意のある、いわゆるパテントトロールという問題も出てくる。これらの問題も念頭に入れて各企業は、標準化、システムの開発や企業間連携に取り組む必要がある。

機能の優れた日本の携帯電話が世界に売ることができないのは、ガラパゴス化が原因などということを言われるが、もう一つの原因は標準化であったということも既に広く知られている。日本発のPDA方式と欧州発のGSM方式で、欧州のGSM方式は、欧州の官民が一体となった取組みにより、急速に普及し日本発のPDA方式は参入ができなくなったという話だ。GSM方式の使用書は、10万ページを超えるものであり、毎年数万ページも改正や追加がある。[6] このため、PDA方式の専門家でもこのスピードについていけない、時間がないという状況も大きな参入障壁となり、世界に先駆けてカメラをつけたりインターネットを利用できるようにした高機能の日本の携帯電話を海外へ売り出すことができなかった。置き換えれば、海外のスマートグリッドシステムに入りたいのだが、そのシステムに入ることのできる標準に対応できず、高機能でニーズにあった製品であっても参入ができない。という状況がスマートグリッドでも起こりうる可能性があるのである。

製品間のコミュニケーションの手段である互換性～調整の役割①～

スマートグリッドを取り巻く企業は多様である。電気自動車の部品から家電、それらをつなぐ電線など、個々の部品からシステム全体に携わる企業は無数に存在する。これらが相互に繋がるように互換性のある部品のインターフェース、システムなどを標準化しておくことで、効率的な生産や開発を行うことが可能となる。例えばスマートグリッドの重要な要素であるICTでの情報のやり取り（コミュニケーション）をするには、そこにシステムが必要となる。このシステムを開発する企業とスマートグリッドを構成する各メーカーが連携する動きが見え始めている。このシステムがコミュニケーションの標準言語となると、そこに入れない企業は製品の投入がし難くなる。逆に、この標準言語がオープンにされれば、新規参入などにより安価でより高機能な製品が開発される可能性もある。

インターフェースが知らないうちに標準化されてしまうと、技術力があっても対応できる高品質の製品開発ができなくなってしまうという危険性もある。例えば、寿命が長く性能の良い電池を積んだ電気自動車でも、標準化され普及した充電スタンドのインターフェースがこの電池に合わないと充電ができないため電気自動車が売れないということになる。電気自動車は、単にものや人を運ぶ機能だけでなく、蓄電池のような副次的な機能もありスマートグリッドを構成する重要な製品の一つである。このため右記のような状況になると、我が国を支える自動車産業にとっては大変困ったことになる。

相互理解のための用語定義と基準の標準化～調整の役割②～

スマートグリッドは、データの通信、電力の配電、住宅の家電と発電デバイス、車など様々な技術が組み合わさり、関係する企業も多様である。新たにスマートグリットを事業化するには、これらの企業が同じ内容を異なる言葉で表現していては混乱してしまう。このような混乱を避けるために、用語を定義し相互理解が可能なようにするのに役立つのが標準である。自分の利用している用語が早い段階で公的に標準化されれば、後々の開発や異なる業種との連携も効率的でスピーディーな対応ができるようになるが、逆に馴染みのない用語が標準化されてしまうと内部教育や翻訳から始めなければならず、対応が遅れてしまう恐れがある。

電気の品質は主に周波数、電圧・波形により決まる。これらの基準も標準といえる。この要素を一定範囲内で安定的に供給する事が「高品質」であると言われている。日本の場合、電力の品質基準値は電気事業法施行規則や電気設備技術基準にて定義されており、電力会社はこの基準に従い電気を送電する。この基準値のお陰で、大都会の高層ビルでも人里離れた民家で

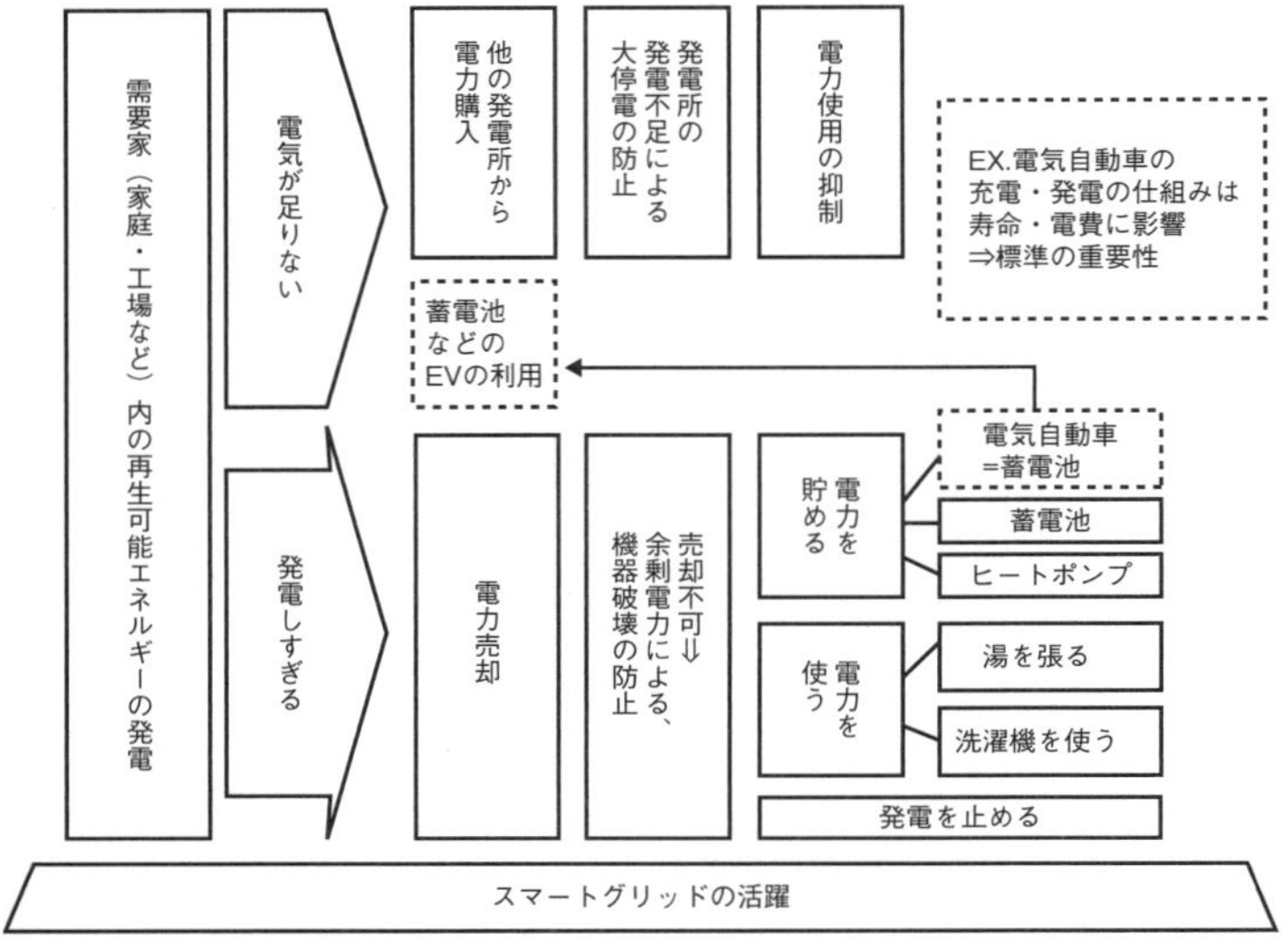

再生可能なエネルギーとスマートグリッドの役割

も、安全・安心な電気供給を受ける事ができる。[8] この基準が世界的に標準化されていればよいのだが、基準は各国・各地で異なる。各国の既存の基準を変更することは難しいことから、これらの基準がオープンにされていることが、関連する事業や個々の製品開発の容易さの目安となる。他方、オープンにされていない地域では開発が進みがたくなる。

試験方法

基準だけでは不十分である。基準を満たすか否かを調べる試験方法も重要である。すなわち正当で公平に評価できる基準と試験方法の両輪で標準化することが重要である。例えば、冷蔵庫やテレビなどは日本の省エネ技術が高いのにもかかわらずその強みが活かせない試験規格である／あったという事例がある。また新製品を開発する際には、多くの試験を実施しデータを蓄積する。この試験方法と異なる試験方法が標準化されてしまうと、標準化された試験方法で再度試験をやり直し、データを蓄積し直さなければならなくなり、時間と手間がかかることになる。

品質と安全性の視点からの標準と適合性評価

電力を扱うスマートグリッドは、品質と安全も重要課題である。これには標準化の重要な役割の一つである適合性評価が利用される。適合性評価はある基準を達成しているか否かを評価することであり、それを証明することを認証と呼んでいる。プラグインハイブリッド車の品質と安全の認証は欧米などで始まっている。

スマートグリッドは、発電所からの送電、自家発電、電化製品、電気自動車、蓄電池、産業機械、それらをつなぐケーブルやプログラム、ICTなど多様な技術と部品・製品の集まりからなる。これらがしっかりとした基準（すなわち標準）を守って作成されているか否かをチェックすることが重要である。企業が部品・製品を購入する場合、製造企業ブランドの信用で購入する方法と、適合性評価を利用して該当する標準を満たしているかを確認してから購入する方法とがある。海外では後者すなわち適合性評価の利用が主要だ。しかし例えば急速充電ステーション「チャデモ」は、国内企業の高い技術力を集結したものであり米国の電気自動車の実証試験のため多く採用されつつあるが、チャデモ協議会に参加する国内の認証機関は２０１１年時点では少ない。[9] 国内で適合性評価の重要性を広め、国内の認証組織とそのブランド力を醸成していくことも必要である。

電力系統で事故や緊急停止した場合は、送電を停止しなければならない。しかし太陽光発電の分散型電源などによる通電が継続され続けた場合、公衆感電、作業員の感電、機器損傷、消防活動の影響などがおこる可能性がある。[10] またチャデモの最大電流は200Aとなっていることから、万が一、漏電してしまうと感電死の恐れがある。このようなことを起こさないように、多重防護（冗長設計）、フールプルーフ（間違った操作ができない設計）、フェイルセーフ（故障しても安全に停止する設計）などを考慮した製品側、システム側における標準や作業員に対する標準を作る必要がある。また太陽光発電の出力抑制、単独運転防止対策や不要解列※防止対策については具体的な基準づくりを含め、認証機関による認証などの検討も必要となる。[10]

※解列：発電設備を電力系統から切り離すこと。

システムを運用する上での標準の役割

スマートグリッドの大きなメリットは、電力の需要と供給の自動調整にある。システムを運用していくには、その運用標準（マニュアル）と訓練を積んだ人が必要となる。また、テロ、事故、自然災害などの不測の事態などの緊急事態へ対応するための標準も重要となる。緊急事態については、標準が緊急時に機能するように、常に訓練し定着させておくことが必要となる。

スマートグリッドに関係する具体的な規格

スマートグリッドに関係する標準化団体は多数存在する。IEC、ISO、ITU（国際電気通信連合）をはじめ、通信インフラ規格に関連する団体としてATIS（電気通信標準化アライアンス）、IEEE（電気電子技術者協会）、GSM協会（Global System for Mobile Communications Association）、TIA（電気通信工業会）などがある。[11] スマートグリッドの国際標準は、IECが作成していることが多い。IECでは、TC（Technical Committee：技術委員会）で規格（標準）が審議作成される。スマートグリッドを構成する機能は多数あり、それぞれの機能に対応する規格を作成する技術委員会も多数存在する。その一部を次ページの表に示す。このTCの中で（標準を作成する上で）大きな役割を担い影響力を持つのが、幹事国と議長である。幹事国の事務局が規格作成の過程で議題や議事録を作成し、議長は会議を仕切る。しかしながら、スマートグリッドを構成するTCで、日本が幹事国・議長を担っている事は少ないのが現状である（90ページ表）。

電力の売買に関する規格

異なる市場において、電力の価格、量、品質などを容易に見積もる標準により、新しい市場を創出することができる。分散型電源の統合も可能となる。市場の情報交換は、標準により統一されることにより、そのやりとりは簡易・明確化され、エネルギー供給者、配電業者、需要家が講じる措置の質や効率を向上させ、コストの低減を可能にする。[11] 米国では、NIST（国立標準技術研究所）、IEC、AHAM（家庭用電化製品工業会）などを含むスマートグリッドの技術に関係する団体だけでなく、JPモルガンといった証券会社も参加し精力的な標準作りを行っている。現在、電力市場の一つの規格として、「IEC 62325 業務系システム電力取引市場通信」がIEC/TC 57で議論などされている。

デマンドレスポンスに関する規格

スマートグリッドには、受け取る電力を低

		幹事国	議長	日本の参加位置	国内審議団体
TC 3D	電気・電子技術分野のメタデータライブラリ	DE	JP	P	（社）電子情報通信学会
TC 8	電力供給関わるシステムアスペクト	IT	FR	P	（社）電気学会
TC 13	電力用計測・負荷制御装置	HU	DE	P	（社）電気学会
TC 21	蓄電池	FR	DE	P	（社）電池工業会
TC 38	計器系変成器	IT	FR	P	（社）電気学会
TC 57	電力システム管理及び関連する情報交換	DE	FR	P	（社）電気学会
TC 64	電気設備	DE	FR	P	（社）電気設備学会
TC 65	工業プロセス計測制御	FR	DE	P	（社）日本電気計測器工業会
TC 69	電気自動車及び電動産業車両	BE	FR	P	（財）日本自動車研究所
TC 72	家庭用自動制御装置	US	NL	P	（社）日本電機工業会
TC 77A	電磁両立生—低周波現象	FR	CA	P	（社）電気学会
TC 77B	電磁両立生—高周波現象	FR	ES	P	（社）電気学会
TC 82	太陽光発電システム	US	IT	P	（社）日本電機工業会
TC 86A	光ファイバ及び光ファイバケーブル	FR	NL	P	（社）電子情報通信学会
TC 86C	ファイバオプティクス—光ファイバシステム及び光能動部品	US	IT	P	（社）電子情報通信学会
TC 88	風力タービン	NL	US	P	（社）日本電機工業会
TC 95	メジャリング継電器及び保護装置	FR	CN	P	（社）電気学会
TC 100	オーディオ・ビデオ・マルチメディアシステム及び機器	JP	US	P	（社）電気学会
CISPR	国際無線障害特別委員会	GB	US	P	総務省電波環境課
ISO/IEC JTC1	情報技術	US	US	P	（社）情報処理学会
JTC1/SC 25	情報機器間の相互接続	DE	DE	P	（社）情報処理学会
ISO/TC 22	自動車	FR	BE	P	（社）自動車技術会
ISO/TC 205	建築環境設計	US	US	P	建築・住宅国際機構
ISO/TC 239	公共料金の課金方法	IL	KR	N	なし

JP: 日本　P: 参加　N: 非参加　他の略字は 13)、14) 参照

出所：参考文献 11)、12)、13)、14) から作製

スマートグリッドに関係する技術委員会

減したり、余剰電力を売ったりするための機能がある。デマンドレスポンスは、電力の供給可能量や自家発電量などを把握し、多様な対象（企業、産業、家庭など）の需要に応じて、電力を制御し最適化するものである。過去には、電話やポケベルでプラントマネージャーに対し、施設でのエネルギーの使用削減を勧告することなどがあった。[11] デマンドレスポンスは、電力価格、天候、発電状況などの様々な情報を扱うため複雑である。現在も様々な場所で実証試験が行われているが、電力を制御するための一貫した信号が構築されていないため、広範な配備が叶っていない。発電所、需要家など関係者の必要条件・ニーズを抽出し、相互接続の安全性、再販などの運用面についても整理し、標準を作成していく必要がある。「IEEE 1547.3 電力システムと接続される分散電源の監視、情報交換、制御のためのガイドライン」や「Open ADR」「GML オープン地理空間コンソーシアム地理情報マークアップ言語」、「IEC 60870-5 遠方監視制御」などをはじめ多様な標準がかかわっており、IEC/TC 57 の中では、蓄電・貯蔵などに関わる情報モデルについても議論がなされている。デマンドレスポンスは、スマートグリッドの恩恵を受けるための基本となる機能であることから、これから急速に開発が進む規格群であろう。

送配電に関する規格

送配電は電力の要である。送電するための標準は、送電にかかわる管理情報モデル、ソフトウェアなどがある。配電するための標準は、電力量の計測や調整をするスマートメーター、配電管理のためのシステムインターフェースなどがある。需要家と売電先などをつなぐ太陽光発電パネル、風力発電関連の通信規格などもこの分類に入る。配電の重要な役割の一つは、一部で障害があったとしても、その影響がほかへ広がらないようにすることである。例えば、事故時の停電地域の最小化のための当該地域の切り離しや自動復旧などの技術と標準は重要であるし、[11] 多数の太陽光発電が一斉に停止してしまった場合に、周波数が適正範囲から逸脱してしまわないように太陽光発電を配電ネットワークへどのような条件でつなげるのか（連系要件）

についての標準化も重要課題の一つである。[11] また、国内の膨大な需要家（２００９年末　２６００万件）よる双方向通信となると情報量が大幅に増加するため、費用対効果、実証試験などを踏まえた最適な通信方式（光ファイバ、無線、ＰＬＣなど）が必要となる。[15] 注意すべきは、最適な通信方式が国内で決定されても海外でそれが認められるとは限らないことであり、海外での検証と普及状況をしっかりと監視し対応する事である。配電には、IEC 61334 シリーズ（TC 57）の配電気搬送システムを用いた配電自動化、スマートメータに関する規格、IEC 61850-7（TC 57）の PEV、蓄電池、再生可能エネルギー、コジェネなどの分散電源用通信インターフェース（情報モデル）、IEC 61400-25（TC 88）の風力発電関連の通信規格、IEC 60364-7-712（TC 64）の建築電源設備などがある。

セキュリティに関する規格

原子力、火力、水力発電などの規格は整っている。しかしスマートグリッドの世界では、これまで一方向だったものから双方向のやり取りができるICTが構築されることから、大規模電源のサイバーセキュリティが重要になる。これにはテロリストや不満をもつ従業員からの意図的な攻撃ばかりでなく、ユーザーエラーや機器の不具合、自然災害のような情報インフラへの不慮の侵害も考慮されねばならない。[11]

米国では、大規模電源のサイバーセキュリティ規格「NERC CiP 002-009」があり、サイバーセキュリティの確保にあたっては、ケース分析、リスク評価を実施している。更に高レベルなセキュリティ要件については、セキュリティアーキテクチャ、スマートグリッド規格の適合性評価を実施するとしている。[11]

また、家庭内にある蓄電池は、保守・交換などの点検が間違いなく行われていないといけない。[10] 蓄電池が家庭の外に連結されて相互にやり取りをするようになると、点検不備の影響はネットワーク全体に及ぶ可能性もあり、その点検整備には強制規則が必要であるかもしれない。

オペレータ・インテグレータに関する規格

遠隔操作ができるなどの技術である。規格の例としては、IEC の TC 57 では、配電管理のためのシステムインターフェース IEC 61968 がある。

ビル・工場・家庭に関する規格

ビル・工場のエネルギーを削減するために BEMS（Building Energy Management System）という言葉が利用されることが多い。BEMS には、ビル、工場、家電の電力の監視や制御などを含む広域サービス、電気自動車などのインターフェースなどの規格がある。例えば、ビルの監視制御システムのための規格（ハード、基本機能、通信適合性試験）である ISO 16484 シリーズや IP アドレスの枯渇で問題となっている IPv4 やその解決策として議論されている IPv6 などのインターネットプロトコルの規格も大きく関係する。

我が国の家庭における CO_2 排出量は、１９９０年比で２００７年は42％増加していることから、家庭での電力量の節電は大きな課題である。[16] 家庭では、HEMS（Home Energy Management System）のための様々な規格が存在している。我が国では、１９９７年に、シャープ、東京電力、東芝、日立製作所、松下電器産業（当時）、三菱電機の６社が中心となって「エコーネットコンソーシアム」を設立し、エコーネット規格という業界規格を作成した。それを利用した製品も実用化している。このエコーネット規格は、我が国が幹事国である IEC/TC 100 で、ミドルウェアアダプタインターフェース IEC 62480 や TCPIP のインターフェースをもつ家電機器との接続方式である IEC 62457 などで国際規格化されている。

ここまで、主にIECの紹介をしてきたが、米国NISTは、IEC、ISA（国際計測制御学会）、OSCRE（不動産オープンスタンダードコンソーシアム）など、国の内外の団体組織と手を組んだプロジェクトチームで規格や指針の作成を急いでいる。また、我が国もJSCA（スマートコミュニティ・アライアンス）を設立するなどによって、官民一体となって標準化を進めている。

標準の作成

IECやISOなどの規格作成には、最初の提案から何度も各国一票の投票を重ねるため、国際規格発行まで2～3年かかるが、迅速法（fast-track）（ISO/IEC Directives F2参照）[17] であれば最終投票のみですむという方法もある。また、IEEEでは、各国一票ではなく個人や法人が票を持っている。技術進歩が早いICT分野では、企業連合であるフォーラム、コンソーシアムがスピード感を持ってフォーラム標準を作成し、その後迅速法などによって国際標準化機関で国際標準化されるケースが多くなっている。[18] このように組織によって標準化の方法は異なること、また例外的な方法で国際標準化できることを知っておくことは、重要である。

これまで述べたような、標準の役割とそのビジネスへの影響を見据えながら、標準の作成に参加することが肝要である。これまで我が国は作られた土俵（標準）の上で戦ってきた。しかしこれからは受身でなく新しい標準を自らが作って、新しいインフラとしてスマートグリッドの市場を獲得していくことが重要である。しかし、標準は社会の公器である。使う側・消費者・市民に親切なインフラを提供するための標準を作る、という気持ちは忘れてはならない。

コラム 7 標準と教育と評価

社内標準、作業標準（マニュアルなど）は、皆のコンセンサスを得ながら作りかつ定期的に見直す、といったルールが必要である。また、標準を作っても守れない場合は、何がその原因かを深く考え、製品の安全や品質などを確保しながら、そこで働く人の技術や知識を教育によって高めていくという工夫が必要である。図は作業標準が守れない典型的な例をまとめたものである。ほかに、緊急事態対応マニュアルのような日ごろ利用しない標準については、標準の作成だけでなく、それが機能するように、常に訓練し組織に定着させておくことが重要である。

標準に関係する人々の社内での評価も重要である。標準には作る立場、それを使う立場、それを評価する立場という、三つの立場がありそれぞれに悩みを抱える。標準を作る社員の評価は日本では必ずしも高くない事が多い。また、標準を使う社員は常にマニュアル通りにやるということで思考停止し改善意欲がなくなってしまうこともある。逆に、使っている標準の背景を理解していないがために標準を逸脱して作業をし、事故を起してしまうこともある。何か問題が起きたときに解決する人は評価されるが、問題が起こらないように対策をとる人は評価されにくい。すなわち人を評価する立場の人は、右に上げたような目立たないが重要な役割を任う人に対しても忘れずに評価することが求められる。

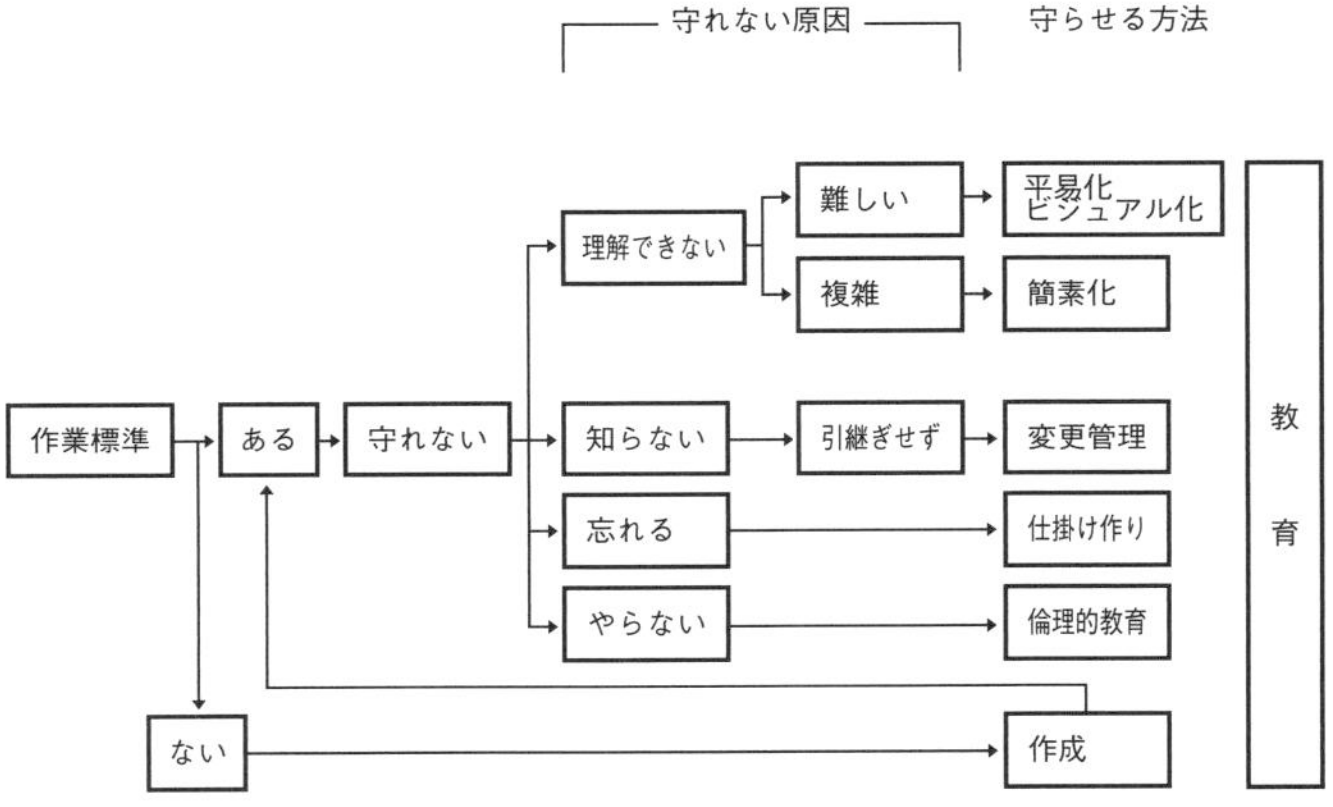

参考文献：

1）産業構造審議会産業競争力部会（2010）：報告書～産業構造ビジョン２０１０～ 平成22年6月 p99
2）World economic forum（2009）：The Next Billions: Unleashing Business Potential in Untapped Markets
3）ソーラフロンティアプレスリリース（2011）：ソーラーフランティア、アフリカの成長市場に進出 http://www.solar-frontier.com/jp/newsrelease/pdf/20110606.pdf
4）加藤敏春（2011）：「スマートグリッド革命」、http://blog.goo.ne.jp/ecomoney/e/1ef044afaf6a6788efe66d621e5c5ff4
5）川越慶太（2010）：水道がなくてもケータイを持つ人々、BOP ビジネス攻略のポイント、http://www.sbbIT.jp/article/cont1/22661
6）株式会社データリソース（2010）：http://japan.cnet.com/release/10444531 ⇒リンク切れ
7）古谷之綱（2011）：世界制覇した欧州の携帯電話標準化戦略、２０１１年4月27日東工大講演資料
8）佐々木俊なお（2011）：東北北関東大震災で注目を集める「スマートグリッド」とは？ http://blogs.ITmedia.co.jp/assioma/2011/03/post-856e.html
9）チャデモ協議会メンバー（2011）：http://www.chademo.com/pdf/memberlist.pdf
10）低炭素電力供給システムに関する研究会 新エネルギー大量導入に伴う系統安定化対策・コスト負担検討小委員会（2009）：今後の新エネルギーの大量導入に伴って必要となる系統安定化対策及びコスト負担の在り方について（案）平成21年1月9日
11）日本規格協会（2010）：スマートグリッドの構成技術と標準化、横山明彦ほか
12）日本規格協会（2010）：標準化と品質管理全国大会報文集
13）日本規格協会（2011）：IEC 事業概要
14）日本規格協会（2011）：ISO 事業概要
15）次世代送配電ネットワーク研究会（2010）：低炭素社会実現のための次世代送配電ネットワークの構築に向けて～次世代送配電ネットワーク研究会報告書～平成22年4月
16）経済産業省資源エネルギー庁（2011）：２０３０年に向けたエネルギー政策～新たな「エネルギー基本計画」の策定について～ http://www.aec.go.jp/jicst/NC/tyoki/sakutei/siryo/sakutei3/siryo2-1.pdf

17）ISO/IEC（2011）：ISO/IEC Directives F2 p58-59, http://www.jsa.or.jPITn/pdf/shiryo/directives01_8th_je.pdf
18）総務省（2011）：「通信・放送の融合・連携環境における標準化政策の在り方〈平成21年諮問第16号〉答申（案）」に対する意見募集の結果（概要）平成23年6月6日、http://www.soumu.go.jp/main_content/000117344.pdf
19）真壁肇ほか（2010）：新版信頼性工学入門、日本規格協会
20）日本規格協会（2007）：標準化と品質管理、Vol.60,No.3 p70-76, 加藤洋一、検査組織の活動
21）、22）日本規格協会（2007）：品質月刊テキスト標準守って足元固め
23）独立行政法人情報通信研究機構（2009）：標準化活動の手引き IEEE 編、http://www2.nict.go.jp/r/r314/std/intro/IEEE-2008.pdf
24）日本規格協会（2000）：ISO の基礎知識
25）日本規格協会（2000）：IEC の基礎知識
26）経済産業省（2010）：日本の産業を支える横断的施策について〝第二部〟

日本を活かす

第6章　鉄道

村石幸一郎

※文末の数字は章末の参考文献を示す

■鉄道はなぜ注目を集めるのか

環境という側面

１９９７年12月に京都市で開かれた第３回気候変動枠組条約締約国会議（地球温暖化防止京都会議、COP3）では、地球温暖化の原因となる、温室効果ガス［二酸化炭素（CO_2）、メタン（CH_4）、亜酸化窒素（N_2O）など］について、１９９０年を基準として先進国における削減率が各国別に定められた。これをきっかけとして、温室効果ガス（特にCO_2）に注目が集まるようになった。

また、２００９年12月に開催された第15回気候変動枠組条約締約国会議（COP15）では、鳩山由紀夫元首相が１９９０年代比で２０２０年までに温室効果ガスの25％削減を目標とすることを国際社会に向けて発信した。また、参加国も相次いで削減目標を発表した。このように、CO_2削減は世界的な問題となっており、各国とも早急に取り組もうとしている。

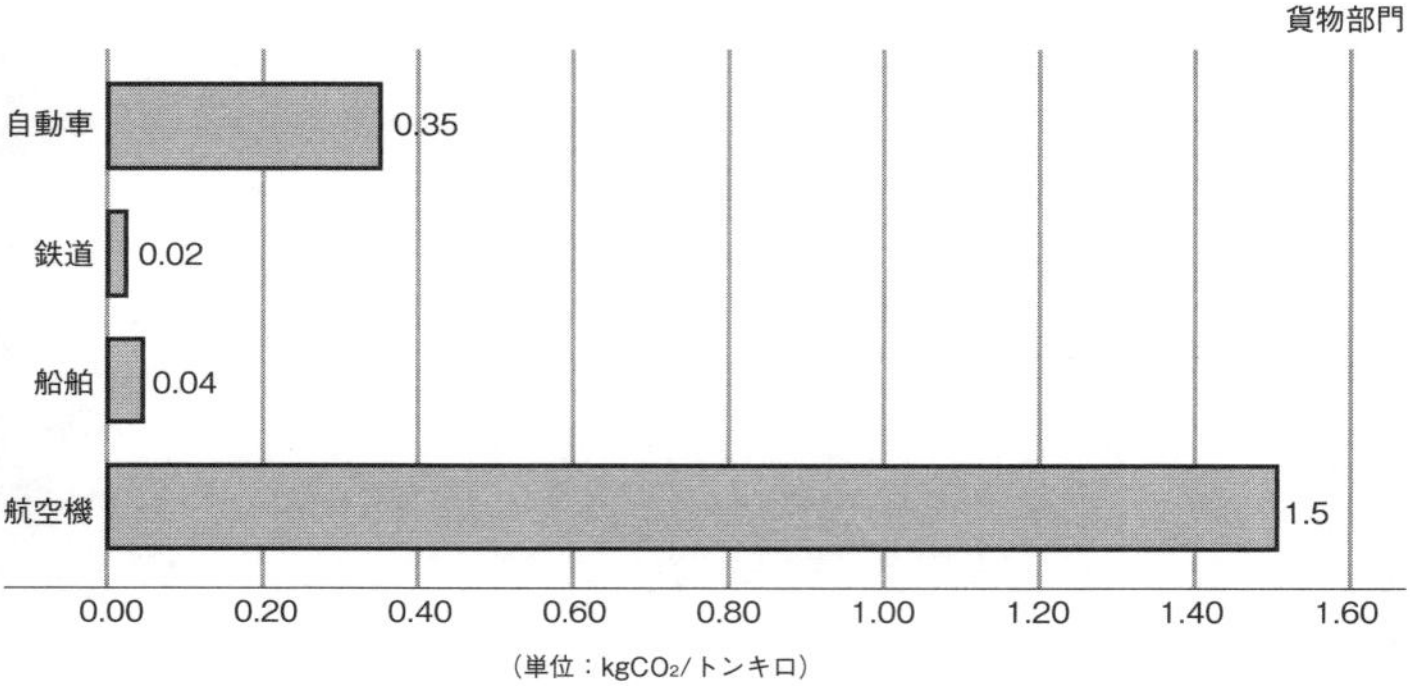

注：1.　1トンの荷物を1km運ぶときに排出されるCO_2の比較結果
2.　輸送実績、燃料消費量実績及び二酸化炭素の排出量より算出
3.　平成10年度

出典：環境省中央環境審議会地球環境部会「目標達成シナリオ小委員会」第３回会合資料

貨物輸送機関の二酸化炭素排出原単位

このような潮流により、自動車全盛期である現代において、CO_2の排出量が少ない鉄道が改めて注目を集めることになった。

経済発展という側面

鉄道に注目が集まるのは、環境の側面からだけではなく、経済発展の側面からも注目を集めている。まず、輸送コスト、輸送スピード、輸送量においてほかの輸送手段より優位であることがあげられる。大量に輸送する必要がある石炭、鉄鉱石などの資源はトラック輸送よりも、鉄道輸送のほうが効率的であり、コストの面でも優位性がある。また、ある地点からある地点までの間の輸送速度が速いという面も優位性としてあげられる。こういった点は物流だけでなく人の移動手段にも当てはまる。

これは、経済活動の基本である「人・もの・金」の活動を活発化させる効果をもち、経済発展に資するものであることは、論を待たない。特に、輸送手段が整備されていない途上国においては、大きな効果をもたらすと考えられる。次に、鉄道網の敷設、整備は大きな投資となることがあげられる。ニュースなどで注目を浴びる高速鉄道では、ブラジルにおいては総事業費が約1．66兆円の高速鉄道敷設（リオデジャネイロ―サンパウロ間）、ベトナムでは約5兆円の高速鉄道敷設（ハノイ↔ホーチミン間）などが計画されている。[1)] こういった高速鉄道計画は鉄道関連企業にとって、技術力をPRする絶好の場でもあり、大きな利益につながる投資対象となる。もちろん、建設時の一時的な雇用だけでなく運営管理における雇用の確保といったように、その国の公共投資としての意味合いも含まれている。しかし、特に高速鉄道計画では、参入する事業者が構造物の建築や開通した高速鉄道を運営するリスクを負う場合が多く、事業採算性の観点から事業者のリスク許容度を超えている案件が多い。[2)]

投資（又は公共投資）対象としているのは途上国だけでなく、先進国でも同様である。２００９年に米国のオバマ大統領の署名により、米国の景気対策を目的とした米国再生・再投資法（The American Recovery and Reinvestment Act of 2009）が成立した。この法律は、多岐にわたる分野への投資により雇用創出し景気対策を達成することを主眼に置いており、もちろん、鉄道整備も含まれている。また、この法律の特徴としてCO_2排出量の削減に効果のあるクリーンエネルギーの利用促進や再生可能エネルギーの事業化といった環境関連の施策に多額の投資を行うこととしており、雇用確保（景気対策）と環境保護の二兎を追う形になっている。

最後に、急激な都市部の交通事情の悪化があげられる。これは、特に途上国が早急に対応しなければならない問題であり、環境問題とも関係が深い。途上国では、地下鉄やモノレールといった交通インフラが整備されておらず、交通インフラといえば自動車やバイクといったものになる。近年は経済発展のおかげで所得が増加し、自動車、バイクの所有率は急激に増加してきている。特に、通勤や行商、配達などで都市部への自動車、バイクの流入が加速し慢性的な交通渋滞などが発生しており、交通渋滞による排気ガスや騒音による環境汚染、（ガソリンなどの）エネルギー浪費や時間の浪費などが深刻化している。[3] これは、問題の大小はあるものの、途上国だけでなく先進国でも問題視されている。我が国では、東京都だけでも年間約１．２兆円の損失が渋滞によってもたらされている。[4]

都市部の鉄道については高速鉄道に比べて地味に映るかもしれないが、各国が公共投資として行うために事業者リスクが少なく、事業者としては魅力的である。

日本が世界に進出するための条件

大きな世界の市場

鉄道の市場は主に高速鉄道と都市鉄道など（地下鉄や路面電車、貨物列車など）の二つに分けることができる。各種報道では、鉄道の市場規模は２００５年から２００７年の平均で１５．９兆円であり、２０２０年には22兆円に拡大すると見込まれている。この22兆円のうち、高速鉄道の市場規模は１．６兆円、都市鉄道などは２０．４兆円程度と予測されている。規模としては、既に設備が整っている欧州、米国なども大きいが、経済発展によって成長するアジア市場における規模拡大が今後見込まれている。[5]

アジア市場には世界の鉄道関連企業が参入しようと積極的に動いている。インフラ関連では特に国を挙げての営業を行っており、企業単独の事業というよりも国益に資する事業という側面がある。我が国においても、その点を重視し前原誠司元国土交通相がトップセールスを行っていたのは記憶に新しい。鉄道の市場というと、鉄道車両を輸出するといったことをイメージすることが多い。先進国では既に設備が整っている場合が多く、車両だけを購入するということもある。しかし、途上国では設備も鉄道事業運営のノウハウもない場合が多く、線路や駅舎などの建設から営業運転や設備の維持、管理をまとめて発注する場合が少なくない。また、鉄道の整備には多額の資金が必要となるが、その資金に見合うだけのリターンが見込めなければ意味がない。そのため、どこにどれだけの線路を敷設し、どの車両をどれだけ走らせるのか、周辺地域の経済効果はどれだけあるのか、などといったことを丹念に調査する必要があるが、途上国ではそういったノウハウがなく、海外のコンサルタントに協力を仰ぐことが多い。[6] そういったコンサルタントはほとんどが欧米企業であり、欧米流の鉄道運営が途上国に提案されることになる。また、その影響で、鉄道設備も欧米の規格や国際的に認知された国際規格に沿ったものになりやすい。

世界の鉄道産業

世界を牛耳るビッグ3

世界的な鉄道需要の高まりとともに、「ビッグ3」と呼ばれる鉄道車両メーカーが注目を集めている。ビッグ3とはドイツのシーメンス、カナダのボンバルディア（鉄道部門本社はドイツ）、フランスのアルストムである。この3社だけで、世界の鉄道車両市場シェアの約56％を占めている。ちなみに、我が国における関連企業のシェアをすべて合わせても約9％である。[5]

我が国では、シーメンスは医療機器メーカー、ボンバルディアは航空機メーカーとして認知されている。また、アルストムはほとんど聞いたことがない企業と言えよう。しかし、これら企業は高速鉄道だけでなく、機関車、客車、路面電車、信号、線路の敷設などまで手掛けており、鉄道分野では有力な企業たちである。

以前は、欧州では様々な鉄道関係メーカーが存在していた。各国の国鉄が車両の仕様などを決定し各メーカーに製造指示を出していたが、1990年代に欧州域内での市場統合が進むにしたがって、国有鉄道の民営化も進んでいった。そのため、車両製造などの主導権は徐々にメーカーに移ることとなったが、市場統合のあおりで体力のない中小メーカーは徐々に吸収・合併され、最後にビッグ3が生き残った。[2] ビッグ3はメーカーとはいえども、維持管理といったソフト面までのニーズに対応できるよう業容の充実を図ってきており、[7] ワンストップサービスの提供によってそのシェアをより強固なものにしようとしている。

欧州では1993年のEU創設時に、交通の連携を重要視し「インターオペラビリティ（相互運用）」を強力に推進してきた。「人・もの」を大量に輸送できる鉄道の整備は、EUという巨大市場を作り、活性化させるためには不可欠なものである。

しかし、実現のためには大きな壁がある。それは、鉄道は国によって信号や電力システム、線路の幅といったハード面からサービスや運行ノウハウなどのソフト面まであらゆるものが異なっていることである。そのため、高速道路や航空などと比べてインターオペラビリティの実現が非常に難しい。だが、EUは交通政策の柱に「持続可能なモビリティーの拡大」を掲げており、環境負荷の少ないとの理由で鉄道の整備をあえて推し進めている。欧州は一国の国土面積が狭く複数の国と国境を接するため、国内の環境問題が早い段階で国際問題になった地域である。環境への意識は世界的に見ても非常に高く、鉄道の整備にもそういった姿勢が強く表れているといえる。[8]

もちろん、理念で推し進めようとしても、実際には各国の鉄道が自由に行き来するために物理的な解決を図らなければならない。この物理的な面の解決策として、標準化という作業が欠かせない。各国の鉄道に関する技術基準を標準化し、EUの統一基準として使用できるようにする必要がある。そのため、ビッグ3は欧州の標準化団体であるCEN（欧州標準化委員会）、CENELEC（欧州電気標準化委員会）でのEN規格（欧州規格）作成にも積極的に参加し、規格作成のイニシアチブをとっている。その結果、欧州での影響力はもちろんのこと、前述したとおり、途上国でコンサルタントの提案により欧州の規格が使われやすいことを考慮すると、間接的ではあるが世界的に影響を及ぼしているといえる。

影響力を持ち始める中国メーカー

目覚ましい経済成長を遂げる中国においても鉄道への投資は盛んに行われている。そのため、中国の鉄道車両メーカーが注目を浴びつつある。

中国の急速な経済成長を背景に、各地で新線の建設が進められており、２０２０年までに12万キロ[9]に拡大する予定である。また、高速鉄道網を約1万8千㎞整備することを計画している。[1] このように、中国では鉄道網の整備を進めており、世界トップクラスの鉄道大国になろうとしている。また、中国では鉄道網整備と同時に国内メーカーの育成に努めている。どの産業でも同じことが言えるが、中国では外資系メーカーに対し中国企業との提携を求めたり、技術を輸入したりして国内への技術移転を進めている。その上、コスト優位性や技術者、労働者の大量投入による短納期、政府の強力なバックアップによりその頭角を現してきている。その結果、中国メーカーの売り上げは倍増しており、２０１０年には売り上げにおいて中国南車集団がシーメンスを抜き、世界第3位にランクインした。２００９年での中国南車集団が獲得した海外契約は前年比60％増の12億4千万ドルであり、欧州やシンガポール、オーストラリアなど様々な国に輸出している。[9]

また、我が国の隣国である韓国も国をあげて鉄道をはじめとするインフラ関連のシステムやサービス、製品を売り込んでおり、徐々にではあるが存在感を増している。

世界における日本の位置

日本の市場規模

世界では、巨大な鉄道市場で各国のメーカーがしのぎを削っているが、それでは日本メーカーはどうなっているのであろうか。日本の機械部品や素材などを扱う鉄道関連メーカーは約６００社あり、[2] 信号システムなどを加えても２００６~２００８年の平均で５２００億円にとどまる。[6] 鉄道大国といわれながらもこの市場規模は意外である。しかも、地方からの都市への人口流入による地方鉄道の経営難やこれからの少子高齢化、電気自動車の台頭による新しいモータリゼーションの動きにより市場はより一層縮小していくことが予想される。また、新線需要はほとんどなく、超伝導リニアによる東海道新幹線バイパス（中央リニア新幹線）の建設計画があるものの開業は２０２７年予定とまだ先である。そのため、各メーカーの売上げ減少だけでなく、技術者といった人材の育成にも影響を与えると考えられ、国内メーカーは海外の市場に活路を見出そうとしているのが現状である。

世界に誇れる技術力

鉄道システムであれば、日本は存在感がないように思われるかもしれない。しかし、表舞台には出てこないが、影の部分ではかなりの影響力をもっている。それは、鉄道車両に搭載する部品である。もちろん、鉄道敷設を行う国では現地調達を要求することが多いが、コアになる部品については日本製への信頼度は高い。例えば、２０１１年に三菱電機株式会社は米国コロラド州のデンバー地域交通局向け鉄道車両用電機品を約25億円で受注している。しかも、この発注元は韓国の鉄道車両メーカーである現代ロテム社である。[10] ライバルともいえるメーカーからの発注は、部品に対する品質、技術力への高い評価であるといえる。こういった例は、ほかにも多数見受けられる。このような信頼は一朝一夕で得たものではなく地道に技術力を磨いてきたからこそである。特に、我が国では、高速で安全に運行させなければならない新幹線や超過密ダイヤで動く首都圏の鉄道の存在がある。それらを支えるために、部品に対しても高い品質と技術力が求められてきた。その結果が今になって現れてきている。２０１１年3月11日に発生した東北地方太平洋沖地震では、地震の揺れの発生9秒前から非常ブレーキにより減速し、走行中の東北新幹線27本全てが脱線を回避していたことがニュースとなった。これも日本が地道に技術を磨いてきた証拠である。

共通言語としての標準

標準が必要である理由

日本の向かう道として、部品に特化するという道もあるが、部品や単一システムだけに特化していてはコストや納期スピード競争に巻き込まれ、非常に苦しい状況に陥ってしまう。そのような状況を回避するためにも、我が国の鉄道システム全体（ハードとソフト）をパッケージ化して、輸出していくことが重要になってくる。日本の鉄道車両技術や運行技術は世界に誇るものがある。しかし、声高らかに「日本の鉄道技術は素晴らしい」と言ったところで、相手の判断材料となりえる客観的な情報がなければ十分に理解してもらえないのは自明である。それならば、客観的な情報として試験データなどを見せればよいと考えるかもしれない。しかし、自社や自国での試験基準の前提となるものが、相手が考える前提と異なっていたらどうであろうか。もし、異なっていればその情報には意味がなくなってしまう。そのため、世界の人々に日本の技術の優位性を認知してもらうには、統一化された判断基準に基づいた上で優位であることを示していくことが必要である。

その判断基準の一つが、標準であり規格である。例えば、ある業者がこの食品は安全ですと言って商品の取引をもちかけてきても、本当に安全なのかと疑問に思うであろう。しかし、その商品がISOで制定された国際規格に基づく試験によって安全性を確認しているのであれば、各国の事情があるにせよ、その疑問を払拭するには十分な材料になりえる。また、複数の業者がそれぞれ独自の試験結果を出してきた場合、それぞれの試験の妥当性を判断しなければならないが、統一した試験方法に則った試験結果であれば、受入れ側としてはその試験方法だけで妥当性を判断できる。これは、試験方法だけでなく、製品規格（特定製品の製造方法などを定めている規格）でも同じことがいえる。その規格に沿って製造していることがわかれば、その製品の妥当性を判断することが可能になる。このようなことは、鉄道システム輸出についても同様なことがいえる。「日本の鉄道技術が素晴らしい」ことには多少の理解を示してもらえるかもしれないが、まずは相手と同じ判断基準で提案し、評価してもらうことが取引の第一歩となる。

注目すべきRAMS規格

鉄道運行において、最も重要な事項は「信頼性」である。システムや車両は何よりも不具合が発生せず、安定的に動いてもらう必要がある。ひとたび不具合が発生すれば、それが重大事故につながることもあり、例え事故が起こらなくても運行に支障をきたし収入減につながることもある。そのため、鉄道システムを導入する側としては、システムや車両に起こりうるハザード（障害や危険性）を分析しリスクを把握する必要があり、納入する側としては、具体的にそのリスクを提示する必要が出てくる。

そこで使われる規格が通称RAMS規格と呼ばれる規格である。この規格はIECでIEC 62278 Railway applications - Specification and demonstration of reliability, availability, maintainability and safety (RAMS)［鉄道分野―信頼性、アベイラビリティ、保全性、安全性（RAMS）の仕様と実証］として定められた国際規格である。この規格は、鉄道システムにおけるハザードを分析し、そのハザードが原因となって起こる事故に至る過程を解析し、それに伴うリスクを数値化し、そのリスクと経済性を照らし合わせてみて、そのリスクが許容されるリスクであることを論証する手法を規定したものである。一言で言ってしまえば、安全性と経済性とを両立させた品質を立証するための規格である。

規格のタイトルをみてもわかるように、RAMSとはReliability（信頼性）、Availability（アベイラビリティ）、

Maintainability（保全性）、Safety（安全性）の五つの頭文字を合わせた造語である。これらの要素は互いに独立したものではなく、それぞれがお互いに関係し合っている。鉄道システムでは、安全性とアベイラビリティのいずれか一方に弱点があったり、双方の要求事項の対立の調整を誤ったりすると信頼できるシステムを実現できなくなる可能性がある。そのため、安全性とアベイラビリティは密接な関係をもっている。また、鉄道システム運用時における安全性とアベイラビリティを達成するためには、信頼性と保全性に関する要求事項を満たし、長期継続的に行われる運用と保全活動を管理することによって実現することができる。そのため、各要素の相互関係は図のような形で表わされる。

ちなみに、アベイラビリティについては日本語で可用性、稼動率とも訳せるが、基本的にはあえて日本語訳を用いないのが一般的である。

我が国においてはRAMS規格を使って信頼性などを提示することはほとんどない。しかし、世界的にはRAMS規格を用いることが一般的

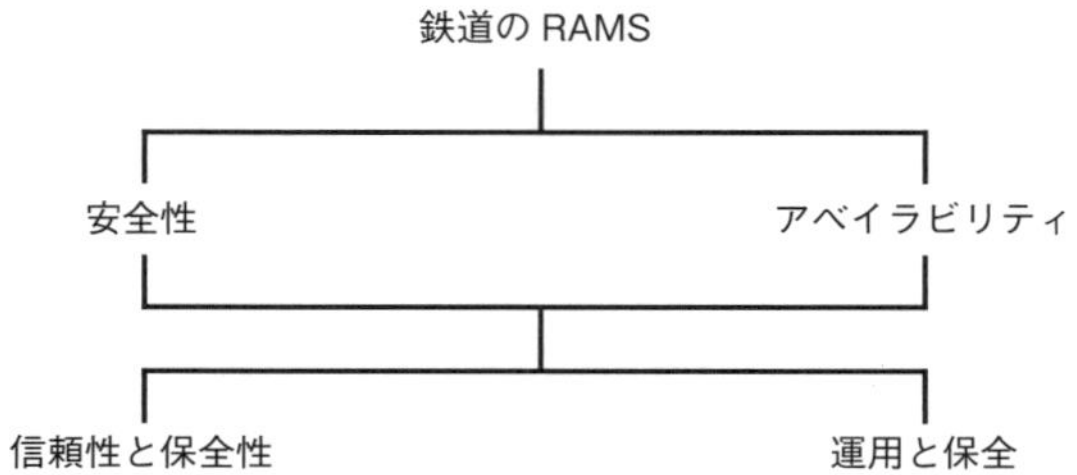

鉄道の RAMS 要素の相互関係（IEC 62278 より引用）

注： 信頼性：アイテムが、所定の条件と所定の時間間隔（t_1,t_2）で、要求された機能を果たし得る確率

アベイラビリティ：外部から必要な資源の供給を行えば、要求機能を、所定の時間または期間中、所定の条件において果たし得る状態を維持する事ができる可能性

保全性：所定の手順と資源を使って所定の条件でメンテナンスを行う場合に、所定の条件で使用されているアイテムを所定の期間内にメンテナンスすることができる可能性。

安全性：許容できない危害が発生するリスクがないこと（IEC 62278 より引用）

になっており、鉄道システムを輸出するには避け通れないものになっている。もちろん、鉄道に関する規格はRAMS規格だけでなく信号や電磁両立性（EMC）といった重要な規格も存在し、当然のことながらそれぞれに対応しなければならない。

部品調達に役立つIRIS認証

前項までは主に規格について述べてきたが、もう一つ、我が国が注目すべきものとしてIRIS（International Railway Industry Standard）認証制度がある。

この制度は、鉄道車両を構成する車体、電気機器、ブレーキなどの装置、部品を供給するメーカーが一定の品質を確保した製品を供給できるマネジメントシステムを備えていることを認証する制度であり、UNIFE（欧州鉄道産業連合）が中心となって策定したものである。また、ビッグ3ではIRIS認証取得業者をサプライチェーンの構成企業として独自に審査することなく、認定する体制をとっている。[6]

この制度に使用されている規格はISOやIECなどで制定されているわけでなく、しかも一団体が作った規格ではあるが、Internationalと銘打っており、世界的な規格として普及させていこうとする考えが見てとれる。我が国においては２０１０年に三菱電機が鉄道車両用の空調システム分野で初めて取得している。[11]

認証取得企業が増加する状態が続き、世界的な認証制度として認知され始めた場合は、我が国における製品の信頼性が高くとも、IRIS認証を取得していないという理由だけで鉄道車両メーカーとの取引機会を逃す可能性がある。世界的に事業拡大をしようとするメーカーにとっては、この認証制度はより一層重要になってくる。また、将来的にはEN規格となる可能性も考えられる。徐々に世界的な流れになってきている以上、避けては通れない道である。

ルールを作る

ここまで読まれてきた読者にとっては、欧州優位の印象をもたれたかもしれない。しかし、我が国における鉄道産業を否定的に捉える必要はない。鉄道システムの輸出では力不足な面は否めないが、鉄道システムを構成する部品などについては高い技術力を誇っている。また、日本独自の鉄道システムの思想が諸外国にきちんと理解されれば、日本の優位性は徐々に高まってくると考えられる。

今までは、海外で作られたルール（規格や制度）で戦わなければならない状況が多く続いてきた。諸外国が作成する規格や制度、国際的な規格や制度との整合性を高めることも重要であるが、それ以上に我が国の考え方、技術力を世界の規格に反映させることが重要なのである。

現在、国際規格を作成する場であるISOやIECにおいて、鉄道に関する規格が作成されている。IECでは鉄道分野の専門委員会（TC：Technical committee）が設置されており（TC 9：Electrical equipment and systems for railways）、規格の作成が行われているが、ISOには鉄道関係を専門的に作成するTCが存在せず、関連するそれぞれのTCで規格が作成されている。IECに関してはTC 9の国内審議団体である（公財）鉄道総合研究所が情報を一元管理できていたが、ISOに関しては各TCの国内審議団体が個別に管理してきたため、情報を一元的に把握することが難しい状況であった。[12]

また、ISOやIECはスイスのジュネーブにあり、地政学的に見ても欧州の影響力が強い。また、ウィーン協定やドレスデン協定といった協定により、CEN、CENELECでつくったEN規格原案をISO規格やIEC規格の原案として提出することができるようになっている。原案となってしまった場合は技術的な部分を覆すことは難しく、また、ISO、IEC には欧州国の参加が多く、規格化の投票でも否決される可能性は低い。先に述べたとおり、EU ではインターオペラビリティを実現するために EN 規格の作成も活発に行っている。その EN 規格がそのまま ISO 規格、IEC 規格として制定されてしまった場合は、我が国にとっては、鉄道システム輸出の道を閉ざされてしまう可能性が大きくなる。

こういった状況を打破するため、鉄道に関する規格類の審議に関する事務局を担当する鉄道国際規格センターが、2010年4月に（公財）鉄道総合技術研究所内に設立されることとなった。鉄道国際規格センターではヨーロッパから提案された規格案に我が国の方式を併記するよう提案していくと共に、積極的に国際規格へ新規提案している[12]。設立して日は浅いが、TC 9 においては日本の貢献が評価されつつあり、これからが大いに期待される。国際化が叫ばれて久しいが、我が国の考え方を海外の考え方に合わせるだけが国際化ではない。海外の考え方を我が国の考え方に合わせさせるようにすることも国際化である。国際化とはお互いの異なる文化を互いに理解しあうことである。一方的な押付け、受入れは国際化とは言わない。

最後になるが、標準は目立たないものである。しかし、一度標準化されてしまったら、そのルールに合わせなければならない。そうなれば、海外への進出もそのルールに合わせなければままならない状況になる。そのため、多くの方々には標準化活動に取り組んでほしいと願っているが、「作られた標準に合わせればよい」という考えをもっている方々が多くいるのも事実である。しかし、ある日突然ルールができたり、変更されたりした場合、すぐにルールに合わせることができるであろうか。標準化活動に積極的に参加するには、人や金などが必要になり難しい面があるかと思う。しかし、だからといって標準化活動に目を向けないことは自分たちの損失になる。例え、積極的に参加ができなくとも、国際、海外、国内の標準化の動向がどうなっているのかをチェックし情報収集するだけでも十分に価値がある。そのことだけでも、頭の片隅に置いておいてほしい。

コラム 8　台湾高速鉄道での出来事

数分間隔の運行ダイヤを正確に守り、開業以来、乗客の死亡事故を起こしていない新幹線をもつ日本の鉄道システムは安全であり、日本が誇れる技術として認識されてきた。しかし、初めて新幹線を海外に輸出した台湾高速鉄道プロジェクトによりその認識が覆されてしまった。

台湾高速鉄道は、当初から、欧州のメーカーによる受注が有利とされていたが、ICE（ドイツを中心に運行されている高速鉄道）の脱線事故や台湾大地震などもあり、最終的には日本連合が受注した。しかし、もともと、台湾の事業者は欧米の鉄道コンサルタントにコンサルティングを依頼しており、それまでに準備していた仕様はEN規格（欧州規格）をベースにしたものであった。そして、それを踏襲する形で日本側に発注されてしまった。そのため、EN規格をベースとして作成された仕様に基づいて、日本の新幹線システムを整合させなければならず、また、RAMS規格によって、新幹線はなぜ安全であるかを論理的に立証しなければならなくなった。

日本メーカーはRAMS規格を使ったことはなく、具体的な立証方法がわからず、また、立証するために必要なデータを一からそろえなければならず、非常に頭を悩ませることになった。ほかにも、言葉の壁や、文化の違い、資材の盗難、自然災害への対応など様々な困難があったが、２００７年1月に約1年遅れで開業に至った。世界に打って出ることは避けられなくなってきている以上、国際的なルール（標準）に目を向けることが世界進出の第一歩だと言える。

コラム 9　規格への適応～英国への鉄道輸出～

２００９年12月に日立製作所が製造した高速鉄道車両（クラス395）が英国で正式に営業運転を開始した。これは我が国初の英国向け、ヨーロッパ向けの日本製高速鉄道車両であり、[1] 車両だけでなく保守事業も受注するなど、我が国にとって鉄道システム輸出のモデルケースとなるものである。

英国を走行するために鉄道車両が満足するべき規格として、英国及びEUの規格がある。主な規格としては、TSI（Technical Specification for Interoperability）とRGS（Railway Group Standards）がある。[13] TSIについては、EU域内でのインターオペラビリティを進めるために、システムの統一や安全性などの評価の基準などに関するEU指令※に基づき発行された規格である。TSIには実施すべき基準の内容が規定されているが、そこで規定されているシステムや製品の詳細の内容は、EN規格（欧州規格）で規定されている。また、RGSはRSSB（Rail Safety and Standards Board）により制定される規格であり、英国で従来から定められていた鉄道システムを網羅する規格である。

対象	衝突モード	エネルギー吸収量	ピーク荷重	許容長
運転台	正面衝突	1.0MJ以上	3.000kN以下	1.0m以下
運転台	乗り上げ	0.5MJ以上		
中間	正面衝突	1.0MJ以上		

(a) RGS

シナリオ	衝突モード	加速度	その他
1	18km/h → ← 18km/h 40mm（40mm上下オフセットあり）	7.5g以下	運転手の生存空間確保
2	80t ワゴン ← 36km/h		
3	15t ローリー ←110km/h		

(b) TSI

出典：日立評論　Vol.89 ,No.11

衝突安全性の規格

※　EU加盟国に対してある目的を達成することを求めるが、その方法までは定めない通知。

現地では現地の風土、気候、政治、経済、産業などがあり、それらを背景として法律や規則、規格などが制定されている。日本で培った鉄道技術を売り込むためには、それらのルールに適合し、なおかつ現地のニーズに適合しなければならない。これらへの適合は考え方を根本から変える必要があり、対応するには困難を伴うこともしばしばである。

特に、顕著な例が、鉄道車両の衝突安全性に関する規格である。EUや英国では我が国と異なり、鉄道車両が万が一衝突した際の安全性が強く求められており、衝突安全の規格が存在する。[13] しかし、我が国では信号によって未然に衝突を防止することに重きを置いており規格自体が存在していない。我が国のように未然防止という考え方もあるが、英国には英国の安全性に対する考え方や文化があり、そして規格がある。そういった文化を反映した規格にゼロから対応することになり、結果として多大な労力を要することになる。

輸出に頼る我が国では、諸外国の文化の理解をはじめ、諸外国との規格の整合性を高める必要があると考えさせられる事例である。

コラム 10　参入障壁としての標準

標準については、様々なメリットがある。市場の獲得や部品などの調達コストの削減、調達コスト削減による製品コスト削減、取引の明確化、コミュニケーションの迅速化、製造記録の一部としての機能、などがある。また、注目すべきメリットとして、参入障壁として活用できる点があげられる。

本文にもあるとおり、我が国の企業は標準への対応に苦慮している事例が散見される。世界の鉄道市場に参入しようとしても標準が存在するため、その標準に合わせなくてはならず参入しにくい状況が存在する。もちろん、一度その障壁を乗り越えられれば、乗り越えたノウハウも蓄積されるため、標準は参入障壁としては機能しなくなる。そうなれば、同じ土俵での競い合うことが可能となる。しかし、その障壁を乗り越えるまでには時間を要することとなり、同じ土俵に上がったとしても、競争相手のアドバンテージを埋めるためには、コスト、安全性といった点を含めて付加価値をより高めなければ勝つことは難しい。また、一度その障壁を乗り越えたからと言って安心できるわけではなく、次々と標準が策定されその対応に追われることになる可能性もある。

そのため、高付加価値を提供できるにもかかわらず、標準への対応に追われ市場への参入ができない状況に陥る可能性が出てくる。逆に、標準化を行い自己に有利な標準が策定できれば、競争相手の参入を一時的にでも食い止めることが可能になる。標準の策定には労力、コストがかかるが、標準を経営戦略の道具として使うことを一考する価値はあるといえよう。

参考文献：

1) 国土交通省（2010）：世界の鉄道プロジェクトと日本の海外展開戦略
2) 「鉄道」最前線（2011）：週刊東洋経済（２０１１年3月5日号）
3) 小林良邦、有村幹治、中村英夫（2002）：都市交通と環境（2）、運輸政策研究、Vol.5、No.3
4) 国土技術政策総合研究所公共投資プロジェクトチーム（2007）：東京圏における社会資本の効用
5) 経済産業省（2010）：産業構造審議会産業競争力部会報告書　産業構造ビジョン 2010
6) 溝口正仁監修、日本鉄道車輌工業会車両工業ビジネス研究会編（2010）：鉄道工業ビジネス―拡大する世界市場への挑戦、（株）成山堂書店
7) 日本の鉄道力　世界最高水準の車両とシステムを売れ（2011）：エコノミスト（２０１１年3月8日号）
8) 高橋若菜（2004）：環境問題をめぐる欧州地域協力枠組みの歴史的展開、宇都宮大学国際学部研究論文集、Vol.17
9) 鉄道車両の「中国南車」、売上高でシーメンス抜き世界3位へ躍進―独企業報告書
レコードチャイナ：http://www.recordchina.co.jp/group.php?grouPId=46049
10) 米国デンバー地域交通局向け鉄道車両用電機品受注のお知らせ、三菱電機（株）ニュースリリース　２０１１年1月27 日付
11) 三菱電機　鉄道車両用空調分野で国内初の国際鉄道産業標準規格（IRIS）認証を取得、三菱電機（株）ニュースリリース　２０１０年6月28日付
12) 田中裕、長沢広樹（2010）：鉄道分野における国際標準化の現状、Engineering、No.124、2010.06
13) 川崎健、用田敏彦、山口貴吏（2007）：欧州鉄道向け車両技術、日立評論、Vol.89、No.11

日本を活かす

第7章　プロジェクトマネジメント

大芦　誠

※文末の数字は章末の参考文献を示す

本書では、パッケージ型インフラの輸出と標準化を考えるうえで、代表的な例として、水、太陽光発電、風力発電、スマートグリッド、鉄道をレビューし、システムインフラの構築における標準化の重要性を紹介しているが、実は、それらシステムインフラを構築するプロジェクトの「マネジメント」そのものについても、標準が重要な役割を果たしている。

■今なぜ（PM）プロジェクトマネジメントなのか

ここで、もう一度パッケージ型インフラに共通する特徴を考えてみると、どれも大規模なプロジェクトであり、構築はもちろん、需要予測から計画、ファイナンス、完成後の運営や説明責任まで含めて、全部まとめてのプロジェクト全体をマネジメントすることが鍵となっていることがわかる。従来、日本からの輸出に関する話題は、主に自動車や電機といった完成品が中心であった。しかし、システムインフラは、一つひとつが個別の単発事業であり、他社の技術やノウハウを含め、様々な素材や製品だけでなく、ビジネスの仕組みさえも調達して、目的に応じて現地で組み立て、完成後のオペレーションも含めてトータルなソリューションを提供しなければならない。つまり、内閣官房国家戦略室も指摘するように、[1] パッケージ型インフラの輸出は「マスタープラン、設計、調達、建設、ファイナンス、管理・運営を含めた事業権全体をまとめて受注するスタイルが主流になる」なか、「単なる受注・納入者として個々の設備・技術を輸出するビジネスモデルではなく、インフラプロジェクトの事業権を確保することにより、その事業運営に必要な設備・技術の導入につき、広く商圏（裁量と責任）を確保する」モデルなのである。そして、そのような環境における、標準や適合性評価の価値、そして、ビジネスにはそれらが不可欠であることを前章までの事例で紹介してきたが、全体を束ねるプロジェクトマネジメントの手法そのものについても、標準化が重要な役割を果たしている。

プロジェクトマネジメントの標準と言われると、一見、事業の進捗管理のための技法のように感じるかもしれないが、それほど単純なものではない。確かに、初期のプロジェクトマネジメントは単なる進捗管理であったが、現在のシステムインフラ構築のためのプロジェクトは、技術の急速な進歩やネットワーク化、環境問題など様々な要因が複雑に絡み合っており、それだけでは立ち行かない。そのうえ、有望な市場をにらんで内外の強力な競争相手が続々と市場に参入しており、資材調達コストや建設コストは増大し、現地での労働者の確保も難しくなるなどの課題も発生している。また、プロジェクトを成功に導くには、優秀なプロジェクトマネージャーの確保が不可欠であるが、国際的に通用する手法を身につけた人材の確保は難しくなりつつある。[2] しかも、それぞれのプロジェクトは個別の事業であり再現性も低い。しかしそんな中でも、複雑なプロジェクトをマネジメントする雛形のような「標準」が整備されていれば、プロジェクトを「システム」として受注・展開するために必要な高度な技術・ノウハウの獲得も円滑となるばかりか、さらなる高度化、付加価値の増大も期待できる。

システムインフラ構築とプロジェクトマネジメント

プロジェクトマネジメントの市場ニーズの拡大

第1章でも確認したとおり、パッケージ型インフラの市場規模は拡大している。特にアジア地域の成長は目覚ましく、膨大なインフラ投資が見込まれる。また、中東・北アフリカ、中南米、ロシアなどでも旺盛なインフラ需要が予想されている。そして、システムインフラを構築する場合、その大部分は、いわゆるプロジェクトとして実施されていると考えられる。何をもってプロジェクトとするのか厳密にはとらえにくいところもあるが、ISO の TC 258（プロジェクト・プログラム・ポートフォリオマネジメント専門委員会）の資料[3]によれば、インフラストラクチャーを含む世界の資本投下プロジェクトは、全世界の GDP の約20％にも及び、２４００万人以上の人がプロジェクトチームの仕事に携わっているという。また、アメリカの PMI（Project Management Institute）によれば、２００６年から10年間で、プロジェクト関連の雇用は年率１．２％、全世界で１２０万人の雇用機会が増加するという。[4] そしてそれに伴い、求人ニーズも変化し、プロジェクトマネージャーの専門知識をもった人の需要が急速に伸びると予測されている。また、急速なグローバル化や情報通信技術（ICT）の爆発的な普及によって、ビジネスの環境は急速に変化しており、企業は常にイノベーションを求められ、企業活動の多くがプロジェクト型に移行している。つまり、グローバル競争・スピード化、ICT 化への柔軟な対応が求められるなか、戦略的な全社レベルでのプロジェクトも増え、企業経営そのものへのプロジェクトマネジメントの適用さえも求められているのである。もともとプロジェクト・ベースでの仕事をしていたシステムインフラの構築においては、その影響は非常に大きいといわざるを得ない。

プロジェクト管理の問題点

システムインフラの構築の多くは巨大なプロジェクトとなるが、一般にプロジェクトは、規模が大きくなればなるほどそのマネジメントは難しくなることがよく知られている。まず、プロジェクトが大きくなれば、安易なやり直しは難しくなる。また、多数の利害関係者が関与することになり、多くの人がかかわれば、様々な視点や価値観が交錯するので、それらを巧みに調整しながら、遅れることなく全体の合意形成を行わなければならない。そして、大規模化とともに施工期間も長期化するので、その間の外部環境の変化に常に順応してゆかなければならない。例えば、計画から実施まで何年もかかるプロジェクトの場合、その間に需要構造が変化するかもしれず、巧みに再調整しなければならない。また、施工期間が長くなれば、その間に担当者や参画している会社も入れ替わり、体系的な知識・経験の蓄積がうまくいくとも限らない。[5] つまり、計画当初では予見不可能なリスクへの対処も重要であり、プロジェクトの価値や、投資対効果の測定方法も考えなくてはならない。こうなると、標準化された汎用性のあるプロジェクトマネジメントの手法、すなわち、プロジェクトマネジメントの標準がないと、あまりに効率が悪いことがわかってくる。

日本のインフラ産業とプロジェクトマネジメント

ここで、システムインフラにかかわる日本企業のプロジェクトマネジメントへの取組みを確認してみる。すると、プラントエンジニアリグのように早くから独自のノウハウを蓄積し、国際的にも高い競争力を維持している業界もあるが、システムインフラの基礎となる土木・建設業については、概して、諸外国に比べてプロジェクトマネジメントの取組みが出遅れたと言わざるを得ない状況にあるようだ。

日本の企業が、モダンプロジェクトマネジメントの標準の活用に熱心でなかった理由は、やはり、歴史・文化的な影響も少なくないといわれている。つまり、狩猟民族のキリスト教文化の欧米社会が、個人主義、契約社会を基盤としているのに対して、多神教の農耕社会の日本が、契約より義理人情を基盤とした集団主義社会であるという理由である。また、戦後の日本経済は、いわゆるバブルが弾けるまでは、基本的に右肩上がりの成長を続けていたため、「結果オーライ」で進んできたことも影響しているとも言われている。

近年、日本の建設業も、海外の地下鉄や海底トンネルの建設など、大規模なインフラの建設に進出しているが、PMBOK[6] のような標準の活用経験が少ないため、思わぬ場面で苦戦している話を聞くことがある。もちろん、なんらかのプロジェクトマネジメントを必ず行っているはずである。しかし、それらは必ずしも国際的な標準を意識したものではなく、社内で独自に進化を遂げた方法であり、外国においては理解されないという声もある。考えてみれば、日本の建設業は、元来、公共事業と密接に結びついているため、国内市場を主体に発展した産業である。国内における競争では、例えば、高度な技術力やきめ細やかな対応がセールスポイントとなるが、これから経済発展をとげる新興国のように、まだ何もないところでは、技術力もさることながら、コスト、品質、時間、人的資源、リスクなどについて具体的に見積もり、明確に説明できなければ、必要な資金さえ確保できない。そして、それらの見積りを作るには、高い精度で客観的なデータが必須であるが、それには広くコンセンサスが得られた標準化された管理手法が必要である。また、大規模プロジェクトでは、例えば、遺跡の発見などにより工事が中断するといった不測の事態も発生する。そういう場合は、契約変更を行い、それに伴って金額の追加・削減などが発生するのであるが、欧米企業に比べ、日本の企業は概して契約関係の対応に弱いといわれている。文化も習慣も異なる外国では、日本流のやり方は通用せず、ものを言うのは世界共通「標準」に基づいた説明責任である。[5]

パッケージ型インフラの輸出は、国家をまたぐ経済活動である。そして、国や社会の経済レベルにおいて、複数の課題が複雑に絡み合っている。このような環境においては、今までのやり方の延長で事業や組織運営を行っていたのでは、思わぬところで足下をすくわれてしまう。どうしても、プロジェクトマネジメントにおける世界共通の考え方とそれを実践する「段取り」としての知識体系、すなわち、標準の理解が欠かせないものとなってくるのである。

プロジェクトマネジメントの標準化

ここで、世界のプロジェクトマネジメントの標準化の現状を把握するため、既存の有力な標準を簡単にレビューしてみたいと思う。日本では、標準化というと製造業のイメージが強く、まだまだ、プロジェクトマネジメントの標準といっても、それほど多くの人には知られていない。しかし、世界には多くの標準が存在し、たくさんの人に利用されており、システムインフラのような巨大プロジェクトにも大きな影響を与えている。[7] 厳密な分類はではないが、プロジェクトマネジメントの標準は、図にあるとおり、基本となるプロジェクトのマネジメント（運営）に関する標準に加え、それに関連する組織の標準、プロジェクトマネージャーの能力（コンピテンス）関する標準に大別できる。単独のプロジェクトのマネジメントだけでなく、プロジェクトやオペレーションの集まりをマネジメントするためのプログラムマネジメントの標準や、プロジェクトやプログラムの選択や優先順位付けを行うためのポートフォリオマネジメントの標準なども存在する。

　エジプトのピラミッド建造を考えても、プロジェクトマネジメントは、太古の昔から行われていたと思われる。しかし、現在の標準につながるモダンプロジェクトマネジメントが実践され始めたのは、20世紀になってから

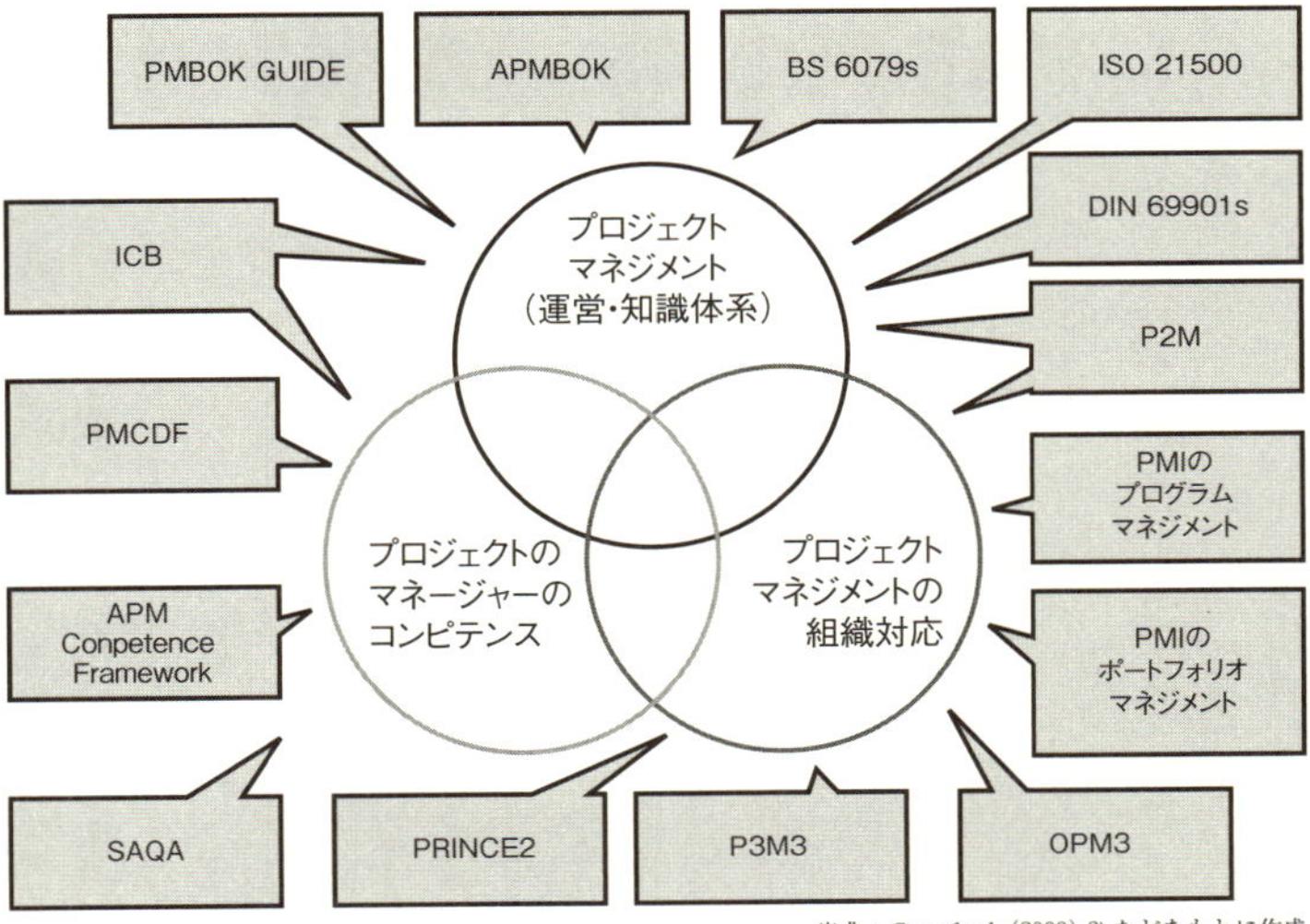

出典：Crawford（2009）8)などをもとに作成

プロジェクトマネジメントに関連する主な標準

である。また、実際の標準化活動は、民間の標準化団体の活動よるところが大きく、欧州の流れとアメリカの流れがある。欧州では、１９５６年にIPMA（International Project Management Association）が設立され、後述するICBを整備している。そして、IPMAは全世界で５０の専門団体が加盟し、４万人を超えるメンバーが参加している。一方、アメリカでは、１９６９年にPMI（Project Management Institute）が設立され、２０１０年現在で、全世界に２５０の支部と30万人以上のメンバーをもつ世界最大のプロジェクトマネジメント団体となっている。想像をはるかに超えて広く普及しているのが現状である。

プロジェクトの運営・組織に係る有力な標準

① PMBOK Guide

PMBOK（Project Management Body of Knowledge）は、前述のアメリカのPMIが策定した知識体系で、世界で最も有名なプロジェクトマネジメントの標準である。プロジェクトマネジメントのデファクトスタンダードであると紹介されていることも多い。また、PMBOKから発展したプログラムマネジメントの標準や、ポートフォリトマネジメントの標準や、それらの組織的対応についての習熟度モデルとしてOPM3（Organizational project management maturity model）も発行されている。

② PRINCE2

PRINCE2（Project in Controlled Environment）は、元々１９７５年に民間団体によって開発され、１９７９年に現在のOGC（Office of Government Commerce）に採用されている。その後、１９８９年にPRINCEとして制定されるとイギリス政府の公共プロジェクトに利用され、更に１９９６年にPRINCE2として改正され、欧州の１５０を超えるコンソーシアムで支持されるに至っている。なお、ポートフォリオ、プログラム・マネジメントの総合版として、OGCのP3M3も有名である。

③ APMBOK

APMBOK（APM Body of Knowledge）は、イギリスのAPM（Association for Project Management）が制定した、主にイギリスで発達した標準である。この標準は、プロジェクトマネージャーをサポートするために、計画の立案、戦略の実行、技術、ビジネス、組織などのトピックを体系的にまとめたものである。

④日本のP2M

日本でも有力な標準としてP2M（Project & Program Management for Enterprise Innovation）が制定されている。これは、（財）エンジニアリング振興協会の調査を基に２００１年に発行した「日本発の本格的なプロジェクト＆プログラムマネジメント標準ガイドブック」といわれ、日本プロジェクトマネジメント協会（PMAJ）が普及を担当している。P2Mは、プロジェクトマネジメントだけでなく、プログラムマネジメントも含み、それらを実践するための総合的な知識体系としてまとめられている。[9] つまり、現場のプロジェクトリーダーはもちろん、彼らを統括する上位のマネージャーのための手法も網羅されている（１２９ページの図参照）。

⑤各国の国家規格

民間の団体の標準以外にも国家規格も整備されている。代表的なものとして、BSI（イギリス規格協会）は、２０００年から国家規格としてBS 6079シリーズ（プロジェクトマネジメント）を整備し、これが、現在審議中のISO規格の基礎となっている。また、アメリカでは、ANSI（アメリカ規格協会）によってPMBOKがANSI/PMI 00-001-2008として国家規格としての地位を与えられている。一方、DIN（ドイツ規格協会）は、DIN 69901-1～5（プロジェクトマネジメント―マネジメントシステム）を整備している。そのほかの国を見回すと、汎用的なプロジェクトマネジメントの標準だけではなく、例えば、品質マネジメントシステムの一環としてのプロジェクトマネジメントや、ソフトウェア開発のプロジェクトマネジメントなど、一部限定つきの標準も多数開発されている。代表的なものとしては、オーストラリア（AS 4915, 4917 etc.）、オーストリア（ONORM DIN 69904 etc.）、中国（SAC/CB/T 23691～3 etc.）、フランス（NFX 50 105, 50 107, 50

115～118 etc. 多数)、インド（BIS IS 14580-2 etc.）、ロシア（GOST R 52806 etc.）がある。なお、日本では、プロジェクトマネジメントに関するJISは２０１１年９月現在制定されていない。

プロジェクトマネージャーのコンピテンスの標準化

プロジェクトの運営や組織の標準に加え、プロジェクトマネージャーに必要なコンピテンス（能力・力量）についても、広く標準化が進んでいる。インフラ輸出の鍵がプロジェクトマネージャーの能力にかかっているといっても過言ではないなか、見逃せない事実である。

① PMP試験（PMBOK）

PMBOKには、PMP（Project Management Professional）という資格試験があり、資格保持者は、全世界で約40万人、日本でも約３万人に及んでいる。PMPを受験するには、一定時間以上のプロジェクトマネジメントに関する実務経験と、PMIが認定した研修機関での研修が必須となっている。

なお、PMPOKを基礎としたプロジェクトマネージャーのコンピテンスは、PMCDF（Project Management Competency Development Framework）として別に発行されており、知識、実践、人格の三次元に分けて具体的に定義している。

② ICB（IPMA Competence Baseline）

アメリカで発展したPMBOKに対して、IPMAを中心に欧州で発達した標準である。PMBOKがプロジェクトの運営が主であるのに対し、ICBはプロジェクトマネジメントに必要なコンピテンスの要求事項を主眼に置き、各国のプロジェクトマネージャーの能力の水準を統一することを目指している。IPMAは四つのレベルの資格制度を運営している。また、各国にあるIPMAの加盟団体は、それに基づいて自国の資格制度を運営し、加盟50か国で約10万人が資格を保持している。

③ APM Competence Framework

APMBOKにも、プロジェクトマネジメントに必要なコンピテンスの記載はあるが、別冊のAPM Competence Framework においてより詳しく規定している。ICBで定義されたコンピテンスを再分類し、そのうえで、IPMAの四つの資格に対応するに対応するAPMの4レベルの資格を設けている。

④ P2Mの試験

日本のP2Mに関しても、ほかと同様に資格試験が存在する。P2Mは、プロジェクトマネジメントだけではなく、プログラムマネジメントの内容も含まれているため、プロジェクトマネジメントのコーディネーターからプログラムマネジメント・アーキテクトまで5段階の資格がある。

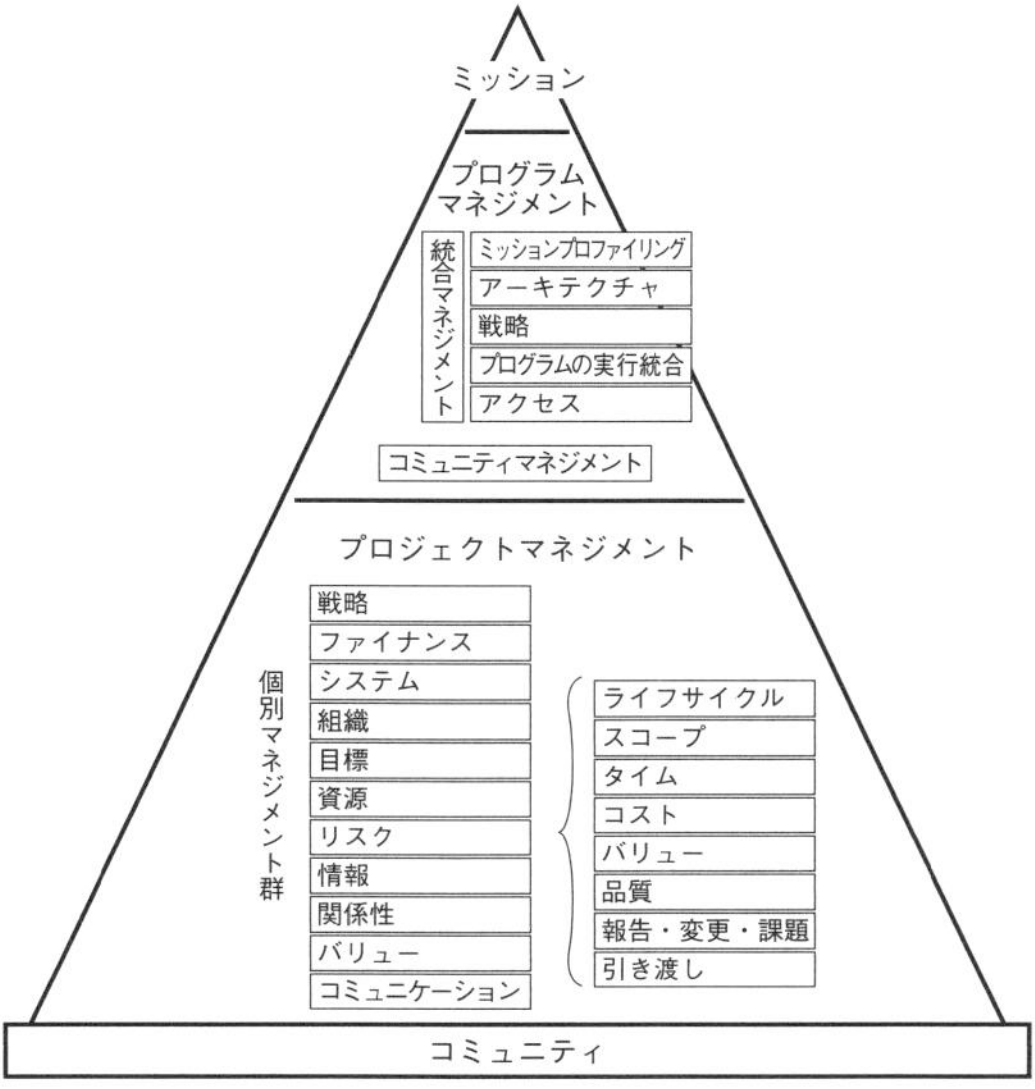

（出典：日本プロジェクトマネジメント協会のウエブサイト10）を参照。一部簡略化）

P2Mの考え方によるマネジメントタワー

プロジェクトマネジメント教育の第三者評価

プロジェクトマネジメント教育の広がりは、個別の標準化機関によるものだけでなく、大学や大学院などにおける教育における第三者評価の実施にまで至っている。というのも、せっかくプロジェクトマネジメント教育を始めたとしても、それぞれの機関で異なった教育を行っていたら、身に着けた専門知識も互いに理解できないことになり効率は半減する。そこで考えられたのが、教育機関の教育の認定である。標準化された教育方法や内容が客観的に評価できれば、そこで身に着けた能力（コンピテンス）も、互換性が保たれることになる。これは、標準化・適合性評価に関する話題において必ず登場する仕組みである。

教育の認定の代表的なものに、PMIによるGAC（Global Accreditation Center for Project Management）がある。これは、PMIが、プロジェクトマネジメントの標準を元に、各大学の教育内容・体制などに対して第三者評価を行うものである。PMIによると、現在、アメリカを中心に、世界各国の約50の教育機関において学位プログラムが認定済みである。[4]

プロジェクト関連の雇用は増加しており、プロジェクトマネジメント人材は不足気味である。特に先進国では、ベテランマネージャーの引退を迎え、プロジェクトマネージャー教育が進まなければ、経済成長に対して大きな機会損失になる。システムインフラのような巨大で複合的なプロジェクトでは、特定分野の深い専門知識の重要性ももちろん、技術・ビジネスを含めてプロジェクトを総括的にマネジメントすることが重要であることは既に述べたとおりである。プロジェクトマネジメントの標準の整備だけでなく、その標準を使いこなす人材の教育や資格制度にも標準化の波が押し寄せている。

ISOにおける標準化活動

ISO規格制定のニーズの高まり

これまで見たとおり、既に世界では、有力な標準化機関において様々な標準が整備され、教育とともに普及しつつある。しかしそれは裏を返せば、世界中に少しずつ異なる標準が、別個に普及しつつある状況であるとも言える。パッケージ型インフラの輸出は、国境を越えたプロジェクトである。関係者が、プロジェクトマネジメントに関する様々な概念・手法を、それぞれの標準で定めた方法で意思の疎通を図ろうとすれば、効率的で正確なコミュニケーションは望むべくもなく混乱を生じてしまう。特に、プロジェクトの計画の基礎となる工程のステージの分類方法については、同じプロジェクト内で個々の業務ごとに異なる考え方で分類してしまった場合、進捗のフェーズを合わせるのは非常に煩雑である。ましてや、風俗・習慣・言語・文化などが異なる外国人同士の場合は更に煩雑となり、せっかく標準を利用しても、その効果は半減する。こうなると当然の要求として、国際的に統一されたマネジメントの手法の確立を求める声が高くなる。このような背景をもとに、２００６年にBSI（イギリス規格協会）は、プロジェクトマネジメントに関する国際規格の作成についてISOに正式に提案を行った。その結果、ISOに専門委員会（ISO/PC 236「プロジェクトマネジメント」）が設置されることとなり、プロジェクトマネジメントに関するISO規格の開発が開始された。[11]

包括的（overarching）なISO規格

２０１１年１０月現在、ISOで審議されている規格は、ISO 21500〝Guidance on project management〟として発行される予定で、この規格の最大の特徴は、「包括的（overarching）な」規格であるということである。すなわち、プロジェクトマネジメントに関する全く新しい規格を作成して、既存の規格を代替しようとするものではなく、既存の様々な規格の共通のエッセンスをまとめ、既に異なる規格を使っているプロジェクト同士を仲介する役目を強く意識している規格である。そのためか、例えばPMBOKなどであれば全文で５００ページにもなるが、ISO 21500は全文で40～50ページ程度にまとまる見込みである。原案を見ると、下表のように横軸に〝Initiating〟、〝Planning〟、〝Implementing〟といった〝Process〟をとり、縦軸に、〝Scope〟、〝Time〟、〝Cost〟などの〝Subject〟を配したマトリックスにそれぞれのプロセスをマッピングしてプロセスを定義するスタイルがとられている。[12] 要するに、基本的な構造はPMBOKとよく似ているが、エッセンスだけを凝縮した印象である。なお、プロジェクトマネージャーのコンピテンスについては、具体的な記述は最小限にとどめてあり、今後の課題となる見込みである。

標準で日本が不利にならないために

ISO/PC 236（プロジェクトマネジメント専門委員会）に対しては、日本も投票権をもつメンバーとして参加し、国内委員会を組織して専門家を国際会議に派遣するなど、積極的な対応を行っている。[11] ISO/PC 236は、投票権を

	Initiating	Planning	Implementing	Controlling	Closing
Intergration					
Stakeholder					
Scop					
Resource					
Time					
Cost					
Risk					
Quality					
Procurement					
Communication					

マトリックスにそれぞれのプロセスを
マッピングしてプロセスを定義している。

出典：ISO/DIS 21500をもとに作成 12)

ISO 21500で規定される見込みのマトリックス

もつ国（Pメンバー）34か国、オブザーバー（Oメンバー）９か国に加え、リエゾン団体として前述のICBを開発したIPMAで構成されている。２００７年にロンドンで第一回国際会議が開催されて以来、ほぼ毎年会議が開催されており、規格発行に向けて精力的な議論が続けられている。

システムインフラを構築するような事業において、プロジェクトマネジメントの深い理解は必須である。そのため、もし、日本の立場を全く理解していない国際規格が作成されてしまえば、ますます海外での事業が不利になってしまう。日本が特に注意している点は、作成されるISO規格が、既に日本で普及しているPMBOKやP2Mといった標準から乖離しないようにすることや、契約に支障が出ないように用語を統一すること、更には、英語で書かれた国際規格を日本語に翻訳したときも、考え方の本質、すなわち意味や概念が変わらないような規格にすることである。

なお、現時点では、プロジェクトマネジメントの規格の制定に議論が集中しており、適合性評価についての議論は始まっていない。しかし、プロジェクトマネジメントに対象を絞ったPC 236の活動と並行しながら、２０１０年秋には、対象範囲を更に拡大した新たな専門委員会（TC）の設立がANSI（アメリカ規格協会）から提案された。[13] その結果、ISO/TC 258（プロジェクト、プログラム、ポートフォリオマネジメント）専門委員会が新たに発足し、２０１１年の６月に第一回国際会議が開催されるに至っている。ISOにおけるプロジェクトマネジメント関連の標準化が活発化することは必須であり、今後の動向には要注意である。

プロジェクトマネジメントの標準化のこれから

ISO 21500の公式発行が目前に迫ってきたいま、プロジェクトマネジメントの標準化活動が、新たな段階に移行したと言うこともできる。いままでの標準化活動は、互いに大きな影響を受けながらも、それぞれの国や団体で独立して標準化が行われていたものであるが、国際的なデジュール規格が制定されれば、これを元に、プロジェクトマネジメントに対する世界共通の考え方はもちろん、プロジェクトマネジメントという考え方自体が、急速に普及する可能性が高いからである。

組織の運営と一体化する標準化

ここで再度パッケージ型インフラの輸出と国際規格の利用について考えてみると、結局のところ、国際規格をどのように自らのビジネスに取り込むかということである。パッケージ型インフラの輸出の今後を考えるには、国際標準化の今後の方向性を見極め、それを使う必要がある。

発行が予定されているISO 21500は、〝overarching〟（包括的）としての機能・役割を優先し、プロジェクトマネジメントのうちの核となる最も基本的・汎用的なプロセス部分に限定した規格となる見込みである。しかし、PMBOKなどの例にもあるとおり、基本となるプロジェクトマネジメントの標準が制定されれば、それをもとに、プログラムマネジメントや、ポートフォリオマネジメントの規格の整備に発展するのは自然な流れである。これについては、前述のとおりISO/TC 258が設立されており、今後、新たなISO規格の開発に向けて議論が活発化することは間違えない。考えてみれば、インフラシステムのような多層的で複雑な巨大なプロジェクトとなれば、単体のプロジェクトで構築から運営まで全てを管理できることはなく、実際には幾つものプロジェクトを最適化しながら同時平行で進めているので、これは当然である。したがって、今後ISO/TC 258で制定される国際標準の影響は非常に大きくなると予想される。そのうえ、プロジェクトのマネジメントは組織全体に影響するものであり、個々のプロジェクトはもちろん、より上流工程を管理するための標準も必要となる。そうなれば、必要な知識体系はプロジェクト遂行のためのマネジメントの枠を超え、組織運営全般にかかわるマネジメント、すなわち、リスクマネジメントや企業の社会的責任（CSR）、ビジネス継続マネジメント（BCM）なども取り込んだ、広範囲な標準の体系に発展する可能性もある。事実、ISO 規格全般の傾向を考えてみても、従来は、ねじの寸法や温度の測定方法など、技術標準が多かったが、近年では、CSR やセキュリティ、エネルギーのマネジメントといった内容を扱った規格が続々と開発されている。これらの規格の影響を受けないとは到底考えにくい。

適合性評価への発展

今後更に目が離せないのは、プロジェクトマネジメントに関する適合性評価の動向である。ISO 21500 の内容・方向性が明らかになりつつあるなか、新たな課題として、プロジェクトマネジメントに関する適合性評価に関心が集まっている。つまり、自らのマネジメントの手法が、本当に国際標準に適合しているのかどうか、それを適切に証明するための仕組みである。マネジメントシステムに関する適合性評価といえば、品質マネジメントや環境マネジメントが有名である。そこでは既に、ISO/CASCO（適合性評価委員会）で定められた規格やガイドラインをもとに、認定機関が審査登録機関を認定し、認定された審査登録機関が、国際規格に適合している会社などのマネジメントシステムを認証する世界共通のスキームが確立している。そして、このスキームに則った認証の取得が、政府調達ための入札や企業間の契約など、取引の条件となっていることも多い。確かに、現時点では、プロジェクトマネジメントに関しては、ISO においては公式に適合性評価の議論は行われていない。しかし、マネジメントシステムの適合性評価は、エネルギーから教育まで幅広い分野に広がりを見せており、今後の成り行き次第では、何らかの適合性評価が行われ、システムインフラの輸出にも大きな影響が出てくる可能性が高い。

さらに、適合性評価において、マネジメントシステムとともに、もう一つ忘れてはならないのは、プロジェクトマネージャーのコンピテンスである。システムインフラのような複雑で巨大なプロジェクトの成否は、組織としての対応ももちろん、それを支えるのは、全体を総括的にマネジメントできる人間の能力（コンピテンス）である。そのため、既存の有力な標準を基礎として能力別の資格制度が運営されている。しかしそれらは、現在のところ、それぞれの専門機関ごとに行われているものであり、必ずしも、ISO/CASCOに基づいた認証スキームを使っている訳でもなく、互いの資格における、相互承認された互換性の裏付も限定的である。となれば、ISOにおいてもコンピテンスに関する標準が開発される可能性もあり、将来的には相互認証と共に、実質的な国際的資格に発展するかもしれない。

現時点では正確なことはわからない。しかし、こうした国際標準化の流れを、外国から押しつけられた「書類ばかり増える面倒な制度」ととらえるか、時には自ら規格作成に参加して、上手に規格を利用して競争のための武器として組み入れるのか、どちらが競争上有利なのかは言うまでもない。

プロジェクトマネジメントとパッケージ型インフラの輸出

最後に、プロジェクトマネジメントとパッケージ型インフラの輸出の関係をもう一度整理してみる。

プロジェクトマネジメントそのものは大昔から存在していたであろうが、現在のモダンプロジェクトマネジメントに発展したのは、20世紀半ばである。そして当初は、国防や宇宙開発など、大規模とはいえども比較的限定された領域でのプロジェクト内での活用にとどまっていた。しかし、経済のグローバル化が進むなか、次第に標準化され、大規模な製品開発の管理、ビジネスの共通言語、資源や資本の調達のためのマネジメントのツールとして多方面に応用され始めている。そして今日では、組織全体の競争力の強化、付加価値の増大、社会的な責任などを含む総合的なマネジメント体系に発展しようとしている。

一方、インフラストラクチャー自体も太古の昔から存在していた。そして、当初は、大規模とはいえ、地域・国家内部の問題として比較的限定されたものでしかなかったが、世界経済の一体化とICTの発達によるネットワーク化が進む中、様々な要素を含む複雑な巨大システムインフラになり、組織や国家全体の根底を支える総合的なしくみに発展しつつある。

こうして対比してみると、インフラストラクチャーを構築するためのプロジェクトマネジメントについて世界共通のルールとしての国際標準が作成されることは、ある意味自然な流れである。しかしそれは同時に、標準のインパクトがかつてないほど大きくなっていることに注意しなければならない。一般に、国際規格は、一度定着すると、仮にそれが自らにとって不都合であったとしても変更するには非常な困難を伴う。そして仮にそうなった場合、不利なルールで国際競争を戦うことを強いられることになる。国際標準の動向を見極めながら、場合によっては、規格作りにも積極的に参加し、標準化のトレンドを巧みに自らのビジネスに取り込まなければ、思わぬところで足をすくわれることになりかねない。

コラム II　モノとサービスの一体化＝トータル・ソリューション

本書では、システムインフラの構築は、トータル・ソリューションの提供が鍵であることを繰り返し述べてきた。鉄道が欲しい新興国は、車両やレールそのものが欲しいのではなく、人や物を早く・安全に運ぶサービスを供給する仕組みが欲しいのである。この考え方は、システムインフラに限ったことではなく、昨今のビジネストレンドにおいて広がりつつあるとらえ方である。すなわち、ものとサービスの一体化である。サービス業を考えてみると、従来の「サービス＝もの以外の何か」という考え方は次第に過去のものとなり、「ものとサービスは一体化して融合しながら、企業と顧客の双方が相互作用を通じて価値を創造する」[4]という考え方が支持されつつある。例えば、携帯音楽プレーヤーは、プレーヤーというハードウェアもさることながら、好きな音楽をダウンロードして、好きなときに好きなところで聞くシステム、つまり、エンターテイメント機能を創造しているのである。

要するにこれは、ものだけでもなく、サービスだけでもなく、その両方を組み合わせた、一体化した価値の提供である。

我が国の場合、新興国の追い上げはあるもののモノ（製造業）はまだまだ強い。トヨタの自動車やキヤノンのカメラは、世界中どこに行っても見かける。とはいえ、製造業も元々そんなに強かったわけではなく、戦後しばらくの間は、〝Made in Japan〟は安い粗悪品の代名詞であった。今日の〝Made in Japan ＝ 高品質〟の地位を築いたのは、技術革新はもちろん、「カイゼン」に象徴される徹底した品質管理も大きく貢献している。そして、品質管理の裏には、標準化の効用があることも忘れてはならない。代表的な国家規格であるJISは、我が国の製造業と共に発達して来た一面ももつ。

では、一体化のもう片方の相手であるサービス業はどうか。残念ながら、我が国の場合、サービスに関しては、トヨタやキヤノンのような企業はまだあまり多くない。海外進出、国際競争力の強化は今後の課題である。そして、製造業が克服してきた、効率化・能率化・品質管理などの課題への取組みも、どちらかといえばあまり進んでないことも多い。製造業ではそれらの克服の裏に標準化があったが、我が国には、サービス業に関してJISのような大規模で体系的な国家規格は存在していない。標準と言えばもっぱら製造業のイメージで、工業標準化法も、その名のとおり鉱工業品を対象にしている。

我が国同様に、産業の成熟化・少子高齢化を迎えたヨーロッパでは、様々な困難を目の前にしながらも、サービス産業の標準化に取り組んでいる。同様にISOにおいても製造業に特化しない規格が次第に増えつつある。インフラ輸出を機に、我が国も、製造業・サービス業といった区分にこだわらず、時代に即した標準化をより強力に促進してみたらどうであろうか。

コラム *12*

細則主義と原則主義

国際標準というと製造業のイメージが強いが、現在、企業の財務報告基準ついても「国際財務報告基準」（IFRS）という〝国際標準〟への整合化が大きな問題となっている。これは、損益計算書（P/L）、貸借対照表（B/S）といった企業の財務諸表の作成についても、国際的に統一しようという動きで、その意味においては、各国の工業規格をISOに整合させようという考え方に共通している。

筆者は会計については専門外なので知り合いの会計士に聞いてみると、従来の日米の会計基準は「細則主義」であるのに対して、IFRSは「原則主義」であるという点が大きく異なるそうだ。つまり、日米の会計基準では、会計処理を行うときの様々な局面で適用するルールや基準をあらかじめ事細かに決めておく。それに対して、IFRSでは、細かい規則やルールは決めず、原理原則に基づいて、状況に応じて処理するとのことである。

システムインフラを考えると、細部の「すり合わせ」を繰り返しながら全体を構築するやり方では、あまりにもシステムが大き過ぎるようにも思える。また、風俗・習慣の異なる外国で「すり合わせ」ができるのかも心配である。では、予め、細部まで全く決めておくやり方が正しいかと言えば、それもわからない。ただ、確実にいえることは、国際的に合意された「標準」を知った上で戦略を立てなければ、厳しい競争を勝ち抜けないことである。

コラム 13 インフラ競争とアーキテクチャ論

プロジェクトマネジメントの標準化と言われてもあまりピンとこないかもしれないが、我が国の産業の「強み」と「弱み」を考えてみると、プロジェクト・ベースで進むインフラ市場への進出において、標準を知っておかなければならない理由も理解できるかもしれない。

少し前に盛んに議論されたアーキテクチャ論を考えてみる。これは、製造業を中心に、「モジュール」と「すり合わせ」という観点から産業を考察する考え方で、端的に言えば、部品の相互依存に注目した議論である。例えば、パーソナルコンピュータは、標準化された部品を集めて組み立てれば、特に高度な技術がなくても製品を作ることができる「モジュール」型のアーキテクチャをもった製品である。一方、自動車は、例えば、ボディとエンジンの配置、エンジンの特性と車体の剛性などが少しでも変わればたちまち製品のパフォーマンスは変わってしまう。つまり、その製品のために設計された部品を、微妙に相互調整することによってはじめて本来の性能を発揮する「すり合わせ」型のアーキテクチャをもった製品である。[15] 考えてみると、我が国が競争力を持つ製造業、すなわち自動車、高度なデバイス、スペシャリティケミカルなどは、もっぱら「すり合わせ」型である。国内にフルセットで産業がそろっているうえに、狭い地域に関連産業が集積する産業クラスターを形成している我が国は、高度な技術を徹底的に「すり合わせ」る環境が整っている。（近年，急速に崩壊しつつあるが…。）

ここでさらに、アーキテクチャ論を部品点数の観点から見てみると、必ずしも高度な技術を必要としない、部品点数も少ない「モジュール」型の場合、人件費の安い新興国が有利。フィードバックを繰り返しながら「すり合わせ」を行う、部品点数で数万点程度までの製品は日本が有利。しかし、部品点数が更に多くなるともはや「すり合わせ」は限界になるのか、様々な業種が入り乱れながらも同じものが二つないインフラストラクチャーの場合は、全体的に「水メジャー」だの、鉄道の「ビッグ3」だの、欧米の大企業が先行している印象である。

パッケージ型インフラの受注合戦は、結局のところトータル・ソリューションの勝負である。インフラ構築の経験が少なく、技術者も育っていない新興国にとっては、「構築はもちろん、需要予測から計画、ファイナンス、完成後の運営や説明責任まで含めて、全部まとめて面倒を見てあげますよ。全てお任せください」という方がありがたいのである。[16]

このような環境のなか、日本の企業が、世界市場において並みいる欧米勢と伍して戦ってゆくには、どうするべきか。

確実に言えることは、相手の手の内を知り、自らの強みを知ることである。プロジェクト・ベースで進むインフラという事業に進出するに当たり、どのような枠組みの中でゲームが進行しているのか。そして、どのような枠組みが作られようとしているのか。競争の枠組みである国際標準を理解しないまま闇雲に戦っても、勝ち目はない。

参考文献：

1) パッケージ型インフラ海外展開推進実務担当者会議 中間とりまとめ、内閣官房 国家戦略室 2010.6.18

2) プラントエンジニアリング業の活力の再生に向けた基本指針（事業分野別指針）（平成二十年経済産業省令第百七十二号）最終改正 2009.06.2

3) ISO/TC 258 document N°26 Draft business Plan, 2011.06.29

4) 「PMI-GAC アカデミック・ワークショップの背景」、PMI 日本支部 http://www.pmi-japan.org/news/pdf/pmigac_ws_backborn.pdf http://www.pmaj.or.jp/（2011.06.11 閲覧）

5) 関哲朗・田島彰二・富永章・中山等・田中正躬（2010）：ISO 21500 制定の最新動向とそのインパクト、標準化と品質管理 No.10. Vol 63, p.7 日本規格協会

6) プロジェクトマネジメント知識体系ガイド（PMBOK® ガイド）第4版 2008, PMI 日本支部
7) 関哲朗 編（2010）：すぐわかるプロジェクトマネジメント，日本規格協会，2010.10.18
8) Crawford, Lynn（2009）World PM Trends and Position of P2M in the Global Community, Modern Institute of Management: Japanese Management and International Studies -- Japanese Project management -- KPM Innovation, Development and Improvement, p.381, World Scientific Publishing.
9) 平成18年度プロジェクト＆プログラムマネジメント標準ガイドブック（P2M）改正調査研究報告書、日本機械工業連合会、日本プロジェクトマネジメント協会、2007.3
10)「P2Mとは何か」，日本プロジェクトマネジメント協会、http://www.pmaj.or.jp/p2m/002_01.html (2011.06.11 閲覧)
11) 小川健司（2010）：我が国におけるプロジェクトマネジメントの普及とISO 21500 制定の意義、標準化と品質管理 No.10. Vol 63, p.2、日本規格協会
12) ISO/DIS 21500 Guidance on project management, ISO, 2011.04.04.
13) ISO/TC 258 document N1 Proposal for formation of TC, 2011.01.19
14) 藤川佳則（2010）『サービスドミナントロジックの台頭』「一橋ビジネスレビュー 2010 Sum」pp144-155, 2010. 6, 東洋経済新報社
15) 藤本隆弘（2004）：日本のものづくり哲学、日本経済新聞社
16) 水島温夫（2007）：技術者力を鍛える、PHP 研究所

おわりに

インフラビジネスの輸出は、我が国にとり新しい戦略分野であることが議論され始めて久しい。しかし国際的な事業の展開を行うにもかかわらず、国際標準とのかかわりでの議論は未だほとんどなされていない。本書は、標準の問題に長くかかわってきた日本規格協会の有志が、議論を重ねてその結果を分担して書き下ろし、一冊の書籍にしたものである。

かって標準はエンジニアリングを中心とする分野で、互換性や単純化あるいは個々の分野の安全性確保等に重点が置かれてきた。標準の世界から、世の変遷を見てみると、ここ数十年の間には大きな変化があった。EU の共通市場のために作り上げられた標準と適合性評価のモジュール等の社会全体の仕組みとか、それに端を発する ISO 9000 ファミリーがきっかけとなるマネジメントシステム標準の隆盛、あるいはディジタル技術の進展に伴い、情報技術関連の国際取引に関する、モジュール化やオープン化戦略、あるいは知財と標準の関係等があげられる。これらの標準の世界での大きな変化は、欧米では盛んに議論されているにもかかわらず、多くの分野で我が国では後追いを強いられたと言っても差し支えないと思う。

インフラビジネスは、文中でも多くの指摘がなされたように、従来の大量生産の、既に発展途上国を含めた多くの企業が、市場のインセンチブに基づき、供給者としての参加を行っている産業とは異なり、特定の企業群や国がかかわりを持つ産業分野である。そこでは標準の機能も従来の互換性やインターフェースに力点を置いたものとは異なり、インフラのシステム全体を管理統括するための重要な道具の一つになりうるし、人材やシステムを対象とする適合性評価と組み合わされて、特定の関係者を利する、標準に係る世界が出現するかも知れない。

本書がこのような将来へ向けての様々な議論のきっかけになることを期待したい。

2011年10月

田中正躬

著　者

田中正躬　元 ISO 会長・(財)日本規格協会　理事長
千葉祐介　ISO/TC 164 国際幹事・(財)日本規格協会　規格開発部
福永敬一　元日本工業標準調査会専門委員・(財)日本規格協会　総務企画部
岩垂邦秀　(財)日本規格協会　総務企画部
村石幸二郎　(財)日本規格協会　総務企画部
大芦　誠　元 ISO/TC 164 国際幹事・(財)日本規格協会　規格開発部

日本を活かす

広がるインフラビジネス
～国際標準化で巨大市場に挑む！

定価：本体 1,000 円（税別）

2011 年 10 月 17 日　第 1 版第 1 刷発行

編　　者　若井博雄
発 行 者　田中正躬
発 行 所　日本規格協会
〒 107-8440　東京都港区赤坂 4 丁目 1-24
http://www.jsa.or.jp/
振替　00160－2－195146
印 刷 所　三和商工印刷株式会社 & REBIRTH
製　　作　NPO 法人品質安全機構

Printed in Japan

当会発行図書、海外規格のお求めは、下記をご利用ください。
出版サービス第一課：(03) 3583－8002
書店販売：(03) 3583－8041　　注文 FAX：(03) 3583－0462
JSA Web Store://www.webstore.jsa.or.jp/
編集に関するお問合せは、下記をご利用ください。
企画調整課：(03) 3583－8086　　FAX：(03) 3586－2014
●本書及び当会発行図書に関するご感想・ご意見・ご要望等を、
氏名・年齢・住所・連絡先を明記の上、下記へお寄せください。
e-mail：nihon@jsa.or.jp　　FAX：(03) 3586－2014
（個人情報の取り扱いについては、当会の個人情報保護方針によります。）